베오울프

베오울프
Beowulf

김승희
옮김

맵씨터

서문

고대 영시가 쓰이기 시작한 것은 7세기 중엽부터이나, 그보다 수 세기 전부터 유럽 대륙의 게르만 민족들 사이에는 구술시(口述詩)라는 확고한 전통이 이어져 오고 있었다. 5세기 중엽부터 영국을 침략하기 시작한 북유럽의 게르만 민족은 이 구비문학 전통과 함께 흥미로운 이야기를 가지고 왔다. 그것이 바로 3,182행에 이르는 방대한 분량의 서사시, 『베오울프』이다. 현존하는 최초의 고대 영시는 하나님의 천지창조를 노래한 9행의 짤막한 시, 「캐드먼의 찬송가」(Caedmon's Hymn)로서, 이 작품은 658년과 680년 사이에 쓰인 것으로 알려진다. 『베오울프』는 이보다 늦게 기록되긴 했지만, 그보다 훨씬 오래전부터 구전되어 왔다는 사실과 그 거대한 스케일을 고려할 때, 명실상부한 '최초의 위대한 영시'라고 할 수 있을 것이다.

영어로 쓰인 장시(長詩) 중 가장 오래된 작자 미상의 『베오울프』는 7세기 중엽에서 10세기 말엽 사이의 어느 시점에 쓰였으며, 대부분의 고대 영시들처럼 이 작품의 제목도 현대 편집자들에 의해 붙여졌다. 이 시는 처음에는 영국 중부의 머시아(Mercia) 방언으로 쓰였으나, 10세기 말엽의 사본은 남서부의

서 - 색슨(West-Saxon) 방언으로 되어 있다. 이 시의 유일한 필사본이 현재 영국국립도서관(British Library)에 보존되어 있는데, 이 현존하는 유일한 사본마저 18세기에 가까스로 소실(燒失)을 면했고, 그 후 필사, 제목 달기, 재(再)필사, 편집, 현대어 번역, 해설 등의 작업을 거쳐 오늘날 영문학의 대표적 고전으로 확고히 자리매김했다.

침략자들이 갖고 온 이야기는 그들의 조상들에 관한 것으로서, 이 시는 6세기의 스칸디나비아 일대를 배경으로 하여 주로 덴마크, 예이츠, 스웨덴 종족들의 역사를 다룬다. 그러나 시인은 창조적인 상상력, 기민한 통찰력, 그리고 탄탄한 이야기 구성력을 발휘함으로써, 역사적 사실들에 초자연적인 요소들과 예부터 전해오는 전설 혹은 민담 등을 섞어, 흥미진진하고 박진감 넘치는 이야기를 지어냈다. 고대 음유시인(scop)들의 구술 서사시(영웅시체)로써, 동시대인들에게는 동떨어진 고대 게르만 민족의 이교도적인 세계를 생생하게 되살린 것이다. 실제로『베오울프』안에서도 앵글로색슨 음유시인이 등장하여 상황에 맞추어 즉흥적으로 시를 읊는다거나 전통적으로 전해 오는 이야기를 시의 형태로 재구성하여 들려주는 장면들을 볼 수 있다.

이 시는 크게 두 부분으로 나뉜다. 제1부는 예이츠(오늘날의 스웨덴 남부에 해당하는 지역)의 젊은 용사 베오울프가 흐로드가르 왕의 나라 덴마크를 괴물의 습격으로부터 구하고자 바다 건너 원정을 가서 싸우는 이야기다. 베오울프는 괴물 그렌델을 격퇴하고, 그 후 아들의 죽음을 복수하러 온 그의 어미마저 물리친 후, 흐로드가르의 선물을 잔뜩 싣고 귀국하여 히엘락 왕께 승전 보고를 한다. 제2부는 예이츠의 왕이 되어 50년간 나라를 통치한 베오울프가 자기 백성들을 괴롭히는 화룡(火龍)과 싸우는 이야기다. 연로한 그는 격투 끝에 용을 죽이지만, 자신도 치명상을 입어 목숨을 잃고, 화장용 장작더미의 화염 속으로 사라진다. 간혹 이 시를 베오울프가 그렌델, 그렌델의 어미, 화룡과 싸운 각각의 전투에 따라 3부로 나눈다거나, 다음과 같이 4부로 나누기도 한다 : (1) 덴마크의 조상, 쉴드 셰빙 이야기, (2) 베오울프와 그렌델 모자와의 격투, (3) 베오울프의 귀국, (4) 베오울프의 통치, 화룡과의 격투, 죽음과 화장. 그 밖에도 베오울프의 무용담을 토대로 상호 긴밀하게 얽힌 세 민족들(덴마크, 예이츠, 스웨덴)의 역사와 운명을 중심으로 이 시를 3부로 나눌 수도 있을 것이다.

한편, 이 시에는 '운훼르드 삽화'(499~558행), '지그문트 삽화'(874~900행), '휜 삽화'(1069~1159행), '히엘락의 원정' (1202~1214행) 등과 같이 중심 주제에서 벗어난 이야기들이 상당수 삽입되어 있다. 이 삽화들은 얼핏 보기에 주제의 전개 도중에 불쑥 끼어들어 시의 흐름을 막고, 작품의 통일성마저 훼손하는 것으로 간주되기도 한다. 그러나 삽화들은 오히려 시의 내용을 다채롭게 만드는 긍정적 요소로 작용하기도 한다. 이 이야기들은 베오울프를 유사한 상황의 다른 인물들과 비교 또는 대조시킴으로써 그의 탁월한 용맹성과 미덕들을 부각시키기도 하며, 다른 인물들의 유사한 경험과의 병치를 통해 베오울프의 개별적이고 특수한 경험을 인류 공통의 보편적 경험으로 확장시키는 효과마저 자아내는 것이다.

성문법보다는 관습법이 우선하고, 문사(文士)보다는 무사(武士)가 중심축을 이루는 '무인 중심 사회'를 표방하는 게르만 영웅시에서 가장 중요한 덕목 중 하나는 군주와 가신 사이의 끈끈한 상호 신뢰와 존중이다. 이 시에서도 이러한 특징을 볼 수 있다. 종족의 통치자인 왕(군주)은 가신들에게 둘러싸여 있는데, 가신들 중 많은 이들은 혈연으로 맺어진 왕의 친족들로서 모두 한 가솔을 이룬다. 가신들은 군주에게 충성을 맹세하고, 그를 위해서 자신들의 목숨도 아끼지 않으며, 군주는 그들을 보호하고 지켜주는 관계인 것이다. 군주는 그들을 인솔하여 전투에 참가하며, 승전의 전리품과 보물들을 하사함으로써 그들의 노고에 보답하는데, 가신들에게 아낌없이 베푸는 군주의 자비와 관대함이야말로 영웅적 행동의 요체가 된다. 군주로부터 후한 선물을 받은 가신들은 더욱더 목숨을 다해 군주를 위해 싸우고, 그가 죽으면 '피의 복수'를 다하기 위해 노력한다. 이 신성한 의무를 지키지 못하는 자들에게는 영원한 수치가 뒤따른다.

그런데 흥미롭게도 이교도 무사들이 용맹을 떨치는 이 시에서 기독교 색채가 두드러진다. 예컨대, 흐로드가르의 궁정 시인은 땅을 창조하신 전능한 하나님에 관해 읊고(90~98행), 그렌델은 가인의 후예(106행)로 묘사된다. 하나님의 가호와 돌보심 또는 심판과 운명에 대한 언급들은 도처에 있지만, 이방신들에 대한 언급은 전혀 없다. 그 밖에도 시의 앞부분에서 "이교 신전에서 희생 제물을 바치는" 이교도들이 선행과 악행의 심판자인 하나님께 나아가, 하늘의 수호자요 영광의 통치자를 찬양하며, 고통의 때에 그분으로부터 도움을 요청해야 할 필요성을 역설하는 부분(175~188행), 예이츠 용사들이 덴마크에 도착한 후 순항을 허락하신 하나님께 감사하는 장면(227~228행), 흐로드가르 왕이 베오울프에게 주는 교훈에서 교만과 탐욕으로 멸망한 헤레모드의 이야기를 들려주며, 그처럼 되지 말고, 인생의 한계를 인정하고, 영원한 가치를 택하라고 권면하는 내용(제24~25장) 등이 그 대표적인 예들이다. 4세기 무렵 로마의 지배하에 있던 영국에 처음 기독교가 전파된 후, 5세기 중엽 앵글로색슨의 침략으로 약 150년 동안 기독교는 침략군의 힘이 미치지 못했던 일부 지역의 종교로 남아 있었다. 그러나 597년에 베네딕트 수도회의 신부(훗날의 성 어거스틴)가 켄트 지방에 파송되었고, 이 무렵 아일랜드 선교사들이 북부 지역에 들어옴으로써 7세기 중엽에 이르러 기독교는 영국 섬 전체를 지배하게 되었다. 그러나 영국에 기독교가 전파되었다는 단순한 역사적 사실보다 더 중요한 것은, 기독교 이전에는 영국에 문자로 기록된 책이 없었다는 것, 그리고 당시 유일한 식자층은 모두 교회에 속한 사람들이었기에, 최초의 영어 문서들은 7세기에 수도원의 필사자(筆寫者)들에 의해 쓰였다는 사실 등이다. 고대 영문학 작품의 태반이 그러하듯, 이 시도 수도원 필사자의 손으로 기록되는 과정에서 자연스럽게 기독교 사상과 윤리가 작품 속에 스며들 수밖에 없었다.

이 시는 영웅들의 행동을 기술하는 서사시이지만, 단순히 객관적인 사건들의 기록이라기보다는 시인의 주관적인 소견과 평가가 개입된 작품이다. 시인은 발생한 사건들의 사실적인 묘사에 그치는 것이 아니라 그 사건들의 내적 의미, 행위의 근본적인 동기들, 인물들의 생각과 느낌 등을 세밀히 분석한다. 다시 말해서, 모든 등장인물의 행위 자체는 물론 그들의 동기, 의도, 결심, 기대, 희망, 두려움, 그리움, 기쁨, 정신적 고통 등과 같은 내면적 요소들에도 세심한 주의를 기울이는 것이다. 또한, 시의 여러 곳에서 생생하고 감각적인 묘사와 서정적 요소들을 발견할 수 있는데, 특히 슬픔과 비통함을 묘사하는 시행들에서 그러한 특징들이 잘 드러난다. 죽은 가신들에 대한 흐로드가르의 지극한 슬픔의 토로(129행 이하, 473행 이하, 1322행 이하), 베오울프와의 작별을 앞둔 흐로드가르의 감상적인 고별사(1870행 이하), 그렌델과의 일전을 앞둔 베오울프의 우울한 상념(691행 이하), 마지막 생존자의 이야기(2247~2266행), 아버지의 애가(2444~2462행) 등이 그 적절한 예들이라 하겠다. 특히 베오울프의 화장 장면(3143~3155행)은 그 자체로 비통하면서도 감동적인 한 편의 서정시라고 해도 무방할 것이다.

마지막으로, 『베오울프』를 아우르는 총체적인 분위기는 위엄 있고, 음울하고, 애조(哀調)적인 동시에 어떤 초월적인 경외심마저 자아낸다. 악전고투(惡戰苦鬪) 뒤에 찾아오는 승전의 기쁨, 그리고 승전을 축하하는 떠들썩한 연회의 즐거움과 행복은 잠시 뿐이다. 신속하게 사라지는 젊음에 대한 회한, 죽은 동지들과 용사들에 대한 비탄과 애도, 민족과 민족의 끊임없는 적의와 분쟁, 왕권을 놓고 벌어지는 친족들 사이의 반목, 심지어 베오울프의 사후 예이츠가 외침을 당하고 쇠락하리라는 불길한 예측에 이르기까지 이 시를 지배하는 분위기는 시종 진지하고, 엄숙하고, 비애스럽다. 경쾌하고, 즐겁고, 유머러스한 분위기는 찾아보기 힘들다. 여기서 이 시가 장례의 장면으로 시작하고 끝난다는 사실에 주목할 필요가 있다. 즉 이 시는 '프롤로그'에서 쉴드 셰빙의 신하들이 군주의 시신을 실은 배를 바다 멀리 떠내려 보내는 주장(舟葬)으로 시작하여, 슬픔에 잠긴 열 두 용사가 만가(輓歌)를 부르며 베오울프의 무덤 주위를 도는 장면으로 끝난다. 말하자면, 이 시의 모든 사건은 두 장례 사이에서 발생하며, 숙연한 분위기가 영웅들의 찬란한 업적과 영광을 뒤덮고 있다. 이 시에서 개별적 사건들은 '모든 인간은 운명이나 신의 부름을 거역할 수 없다'는 대 전제를 증명하며, 세상에서의 삶의 과정에 처음부터 내재된 죽음의 불가피성을 보여주는 낱낱의 예에 불과한 듯하다. 한때 그렌델을 맨손으로 잡을 정도로 괴력을 지녔고 패기 넘치는 용사였던 베오울프가 죽어 영원히 되돌아올 수 없는 곳으로 떠났을 때, 그의 가신들과 백성들 그리고 시인은 그를 깊이 애도하며 그의 고상함, 관용, 용기, 친절, 명예 등을 기리는 장면으로 이 시는 끝난다.

어린아이였을 때 어디에선가 보물선에 실려 홀연히 나타나 덴마크의 조상이 되었다는 쉴드 셰빙. 그러나 그도, 베오울프도, 다른 모든 영웅도 죽어 일상적 경험 저 너머의 세계로 사라져버렸다. 인생 자체가 어디서 와서 어디로 가는지 모르는 신비로운 여정인 것이다. 그러나 희망은 있다. T. S. 엘리엇(Eliot)의 말처럼, 삶의 시작에 끝이 내재되어 있다면("In my beginning is my end"), 끝은 또 다른 시작일 테니까("In my end is my beginning").

차례

II. 베오울프와 용의 싸움

• 일러두기 •

1. 이 작품은 7세기 중엽과 10세기 말엽 사이에 쓰인 작자 미상의 고대 영시로서, 3,182행의 두운시로 되어 있다. 번역은 *Beowulf and The Fight at Finnsburg*. Ed. Fr. Klaeber. 3rd ed. Lexington : D. C. Heath and Company(1950)를 저본으로 하였다.
2. 원문에 연자(連字)부호(하이픈)로 연결된 명사나 복합명사들이 많이 등장한다. 번역에서도 가급적 원문의 표기방법을 그대로 따르고자 했다.
3. 번역은 원문의 뉘앙스를 살리기 위해서 직역을 원칙으로 하였으나, 때에 따라서 정확한 의미 전달을 위해서 의역을 하기도 하였다.
4. 본문 중의 주(註)는 모두 옮긴이 주이다.

프롤로그 : 덴마크의 조상, 쉴드 셰빙의 이야기 (1~52)

　자, 보라![1] 우린 들었노라,
옛적 덴마크 백성의 왕들의 영광에 대해,
그 군주들이 얼마나 용맹을 떨쳤는지!
　쉴드 셰빙[2]은 종종 적군의 무리,
수많은 부족으로부터 연회석을 빼앗았고,
전사들을 두렵게 했도다. 처음엔 버려진 채
발견되었지만,[3] 후에는 위로받았으며,
하늘 아래 번성했고, 영화를 누렸으며,
마침내 인근 지역 백성들이 모두
고래 - 길[4] 건너 그에게 순종하고

---

[1] 고대 게르만 시는 구술시였다. 시인은 이 말로 청중의 관심을 끌고 나서 서사시를 읊기 시작한다.

[2] 쉴드 셰빙(Scyld Scefing) : 덴마크 왕가의 전설적인 조상이다.

[3] 아래의 43~46행에 기록된 것처럼, 그는 어린아이였을 때 홀로 보물선에 실려 덴마크에 왔다. 그러나 성인이 되어 덴마크 왕가를 세웠다.

[4] '고래 - 길'(whale-road) : 고대영어 'hron-rade'의 직역으로서 바다를 나타내는 케닝(kenning)임. 케닝(다른 말로 代稱)이란 고대 영시의 특징적인 수사법으로서 명사를 복합어나 어군을 사용하여 완곡하게 은유적으로 표현하는 방법이다. <예> 바다를 '백조 - 길'(swan-rade. 199행), 태양을 '하늘의 촛불'(heaven's candle. 1570행), 사탄을 '영혼 - 살해자'(soul-slayer. 176행) 등으로 표현한다.

공물을 바쳤나니, 그는 훌륭한 왕이었도다!
훗날 그에게 한 아들, 어린 왕자가 궁궐에
태어났으니, 이는 하나님이 백성을 위로코자
보내신 자로서, 오랫동안 왕이 없었기에
그들이 일찍이 겪었던 극심한 고통을
하나님은 보셨던 것이라. 그러므로 생명의 주님,
하늘의 통치자가 세상의 영화를 그에게 주셨나니,
쉴드의 아들 베오울프[5]는 유명해졌고,
그의 명성이 덴마크 전역에 널리 퍼졌느니라.
젊은이라면 반드시 그처럼 선행을 베풀고,
부친이 소유한 빛나고 값진 보물을 나눠 줄지라,
먼 훗날 늘그막에 전쟁이 터질 때에도
소중한 동료들이 그의 곁에 머물고, 사람들이
그를 섬기도록. 칭찬받을 행동을 하는 자는
어느 민족에서나 번영하리로다.
　그러나 용맹한 쉴드도 운명의 때를 맞아
세상을 떠나 주님의 안식의 품으로 갔으니,
사랑하는 신하들은 그를 바다 물결에 실어

---

5 쉴드 셰빙의 아들인 덴마크의 왕 베오울프(Beowulf)와 이 시의 주인공 베오울프(Beowulf)는 동명이인이다.

떠내려 보냈도다, 덴마크 백성의 친절한 군주,
그가 어명으로 다스릴 때 친히 분부했던 대로.
사랑받던 그 왕은 오랫동안 다스렸었느니라.
항구엔 고리 모양의 뱃머리를 한, 군주의 배가
얼음에 덮인 채 떠날 채비를 하고 서 있었도다.[6]
그들은 사랑하는 왕, 보물을 하사하던
영광스러운 분을 배 안쪽 돛대 옆에
안치했도다. 먼 나라에서 보내온 많은
보물과 소중한 것들이 거기 있었으니,
전쟁 무기와 갑옷들, 검과 쇠미늘 갑옷들로,
이보다 더 훌륭하게 의장(艤裝)한 배에 대해
일찍이 들어본 적 없노라. 그의 가슴에는
수많은 보물이 놓여 있었으니, 그와 함께
물결에 실려 멀리 떠내려갈 것들이었도다.
그들은 선물들, 백성의 보물들을 그에게
바쳤나니, 이는 시초에 어린아이를 홀로
파도 너머 보냈었던 사람들이 옛적에

---

[6] 32~52행에는 쉴드의 장례식, 즉 시체를 배에 실어 바다로 떠내려 보내는, 고대 게르만 해양 민족의 주장(舟葬) 풍습이 상세히 묘사되어 있다. 해양 민족이 주장을 하는 것은 자연환경에 기인하는 것으로, 태평양에서는 폴리네시아(Polynesia) 제도에서 성행되고 있다.

바쳤었던 보물보다 못하지 않았도다.
또한, 그들은 황금 깃발을 그의 머리 위에
높이 달고서, 바다에 그를 던져 물결에
실려 보냈나니, 그들은 마음과 혼을 다해
슬퍼하며 애도했도다. 누가 그 뱃짐을 건졌는지
궁정 고문관도, 용사도, 하늘 아래 그 누구도
확실히 말할 수 없었느니라.

제 1 부

베오울프와 그렌델의 싸움

01 덴마크 왕가와 헤오로트의 건설 (53~114)

군주인 부왕이 고국을 떠나 저승으로 간 후,
백성의 사랑받는 왕, 쉴드의 아들 베오울프는
도성을 다스렸나니, 오랫동안 타민족들 사이에
명성을 떨쳤도다. 훗날 위대한 헤알프데인[1]이
그에게 태어나, 노년에도 전투에 용맹하여
생전에 영광스럽게 덴마크를 수호했도다.
군대의 통솔자인 그에게 모두 합하여
네 자녀가 태어나 세상에 나왔으니,
헤오로가르, 흐로드가르, 착한 할가[2]였고,
내가 듣기로, [넷째인 딸은][3] 오넬라의 왕비,

---

1 헤알프데인(Healf-Dene) : 덴마크의 왕. 헤알프데인은 '반쪽 - 덴마크인'(Half-Danes)이라는 뜻으로, 종족을 나타내는 명칭이기도 하다. 초기 자료에 의하면 헤알프데인의 어머니는 스웨덴인이었다.

2 세 자녀의 이름인 헤오로가르(Heorogar 또는 Heregar), 흐로드가르(Hrothgar), 할가(Halga) 중에서 세 번째 이름 앞에만 '착한' 이라는 형용사가 붙어 있다. 호머로 인해 잘 알려진 고대의 관용법에 따르면, 세 개의 명사(특히 고유명사)가 차례로 나열되는 경우, 마지막 단어에는 형용사나 다른 수식어가 붙는다. 이 작품의 2433행에도 그와 같은 예가 나와 있다.

3 이 부분은 본문에 누락되었으나, 앞 행에서 소개되지 않은 헤알프데인의 네 번째 자녀를 언급하는 것으로 추정된다. 이 딸은 정략결혼으로 스웨덴 왕 오넬라(Onela)의 왕후가 된다.

그 호전적 스웨덴인의 아내[4]가 되었도다.
그때 흐로드가르는 전쟁에서 승리하여
명예를 얻었나니, 그의 가신들은 기꺼이
그의 수하에 모여들었고, 젊은 용사들은
막강한 군대로 성장했도다. 그의 마음속엔,
사람들에게 명하여 회관을 짓고 싶은
생각이 떠올랐으니, 이제껏 사람들이
들어본 어떤 것보다도 큰 주연 홀이라.
그리고 하나님이 주신 모든 것을 거기서
노소를 막론하고 모두에게 나눠주고 싶었도다.
단, 공유지와 사람의 목숨[5]만은 제외하고서.
그때 나는 들었노라, 이 회관 장식을 위한
작업 명령이 세상의 많은 나라에 두루
내려졌음을. 그러자 얼마 지나지 않아,
회관 중 으뜸가는 회관은 속히 완공되어
모습을 갖췄고, 어명으로 널리 통치하던 그는

---

[4] 이 단어(*healsgebedda*)를 직역하면 'bedfellow'(잠자리를 같이하는 사람)가 된다. 이 작품의 특징 중 하나는 복합어(compound)가 많이 사용되었다는 점이다.

[5] 사람의 목숨은 노예를 지칭한다. 당시 왕이라고 할지라도 공유지와 노예는 마음대로 할 수 없었다.

그 회관을 헤오로트[6]라고 명명했도다.
그는 약속을 어기지 않고, 연회에서 반지와
보물을 나눠주었도다. 회관은 우뚝 솟았고,
박공은 넓고 높았으며, 원한에 불타는
적개심의 화염을 기다리고 있었도다,
극심한 증오로 촉발되는 장서(丈壻) 간의
교전의 때는 아직 이르지 않았기에.[7]
　그때, 암흑 속에 살고 있던 힘센 악마는
괴로운 시간을 고통스럽게 견디고 있었도다.
회관서 매일 들려오는 시끌벅적한 유쾌한 소리
때문인데, 하프 가락과 음유시인의 맑은 노래가
들려왔던 것이라.[8] 태고의 인간 창조에 관해
구성지게 말할 줄 아는 시인이 읊기를,
전능하신 하나님이 지구를 창조하셨나니,

---

6 헤오로트(Heorot) : 충성의 상징인 “수사슴”(hart, stag)을 뜻한다. 그런데 이 명칭이 때에 따라서 Herot나 Hiorot로 표기되기도 한다.

7 헤오로트 회관은 훗날 흐로드가르의 사위인 잉겔드(Ingeld)의 급습에 의해 불타게 된다. 흐로드가르는 딸 프레아와루(Freawaru)를 덴마크의 적국인 헤아도바르드(Heathobards)의 잉겔드 왕에게 정략결혼을 시킴으로써 두 민족 간의 불화를 잠재우려고 하지만, 결국 뜻을 이루지 못한다. 이러한 내용은 2024~2069행에서 상세히 다루어진다.

8 이 구절은 고대 영시가 음유시인의 하프 가락에 맞춰 불려졌다는 주장을 뒷받침한다.

바다로 둘러싸인 아름다운 땅을 만드셨고,
승리의 하나님은 발광체인 해와 달을 두시어
지구의 거주자들을 비추게 하셨으며,
땅의 구석구석을 나뭇가지와 잎으로
단장하셨으며, 또한 살아 움직이는
각종 생물의 생명을 창조하셨도다.
그리하여 용사들은 기쁘고 행복하게
살았도다, 지옥의 악마가
악행을 저지르기 시작할 때까지.
그 사나운 악마는 그렌델[9]이라 불렸으니,
황야, 늪, 성채를 차지한, 황폐한 변방의
악명 높은 방랑자라. 이 저주받은 짐승은
괴물들의 땅에서 오랜 세월 살았나니,
창조주가 그를 가인의 후예[10]로 저주한
후부터라. 영원하신 주님은 살인죄를

---

9 그렌델(Grendel) : 오랫동안 헤오로트를 습격하여 덴마크인들을 죽이고, 공포의 도가니로 몰아넣었으나, 마침내 베오울프에 의해 죽임을 당한 괴물.

10 106~108행 : 창세기 4:1~16 참조. 성경 이야기에서 살인죄를 지어 하나님으로부터 추방당한 자는 물론 가인이다. 그러나 그렌델이 가인(Cain)의 후예이므로 그 역시 하나님의 저주 아래 있다. 104행 이후의 이야기는 이후 1260행 이하에서 다시 반복된다.

벌하셨으니, 가인이 아벨을 죽였기 때문이라.
하나님은 적대 행위를 좋아하지 않으셨지만,
죄 때문에 가인을 인류로부터 멀리 추방했도다.
그로부터 모든 악한 후손들이 태어났으니,
도깨비들과 난쟁이들 그리고 악령들이었고,
또 거인들이 태어나, 오랫동안 하나님을 대적해
싸웠기로, 하나님은 그들에게 앙갚음하셨도다.[11]

02 헤오로트를 습격하는 그렌델 (115~188)

　밤이 되자, 그렌델은 높다란 회관을 찾아
나섰나니, 덴마크인들이 주연(酒宴)을 파한 후
어떻게 쉬고 있나 살피기 위함이었도다.
그는 회관에서 주연을 마친 귀족의 무리가,
슬픔도 인간의 불행도 전혀 모르는 채,
곤히 잠든 것을 보았나니, 험악하고 탐욕스런
그 악한 짐승, 사납고도 광포한 그는

11 노아의 홍수로 인해 가인의 악한 후손들이 모두 멸망했음을 암시한다. 거인 종족을 멸망시킨 홍수에 대하여는 1689행 이하에서 언급된다.

즉각 공격 태세를 갖추고, 침대에 누워 자는
30명의 용사를 움켜잡고서, 급습의 전리품에
미칠 듯 기뻐 날뛰며, 시체를 가득 들고
그곳을 떠나 은신처인 굴속으로 달려갔도다.
새벽이 되어 날이 차츰 밝아짐에 따라,
그렌델의 파괴력이 사람들에게 명백히 드러났고,
주연 다음 날 아침, 곡성(哭聲)이 울려 퍼졌나니
애도의 울부짖음이 하늘에 닿았도다. 영광스러운 왕,
예로부터 칭송받던 군주는 넋을 잃고 앉았나니,
위대한 왕은 고통 중에 신하들의 죽음을 슬퍼하고,
극악무도한 악마의 발자취를 망연자실
바라볼 뿐이었으며, 그 고통은 너무도 가혹했고,
쓰라렸고, 오래 지속되었도다! 긴 시간이 가기도 전,
하룻밤 지나, 그렌델은 다시 더 엄청난 살육과
적대 행위와 악행을 저질렀으나, 양심의 가책은
전혀 없이, 그 일에만 골몰할 뿐이었도다.
이후 회관을 점령한 그렌델의 적개심이 드러나고,
명백한 증거에 의해 사실로 밝혀졌을 때,
멀리 떨어진 안전한 다른 곳에서 안식처,
곧 잠자리를 찾으려는 자들을 쉽게 볼 수
있었나니, 그 적으로부터 도피한 자는 이후

멀리서 더 안전하게 자신을 지킬 수 있었도다.
그렇게 그렌델은, 모두를 상대로 혼자 장악하고
정의에 맞서 싸웠기에, 가장 훌륭한 회관은
마침내 텅 빈 채 서 있었도다. 많은 시간이 흘러,
12년이란 긴 세월 동안, 덴마크 군주는
고통을 겪었나니, 온갖 비애와 극심한 슬픔을
견뎌내야 했도다. 그리하여 사람들 사이에,
즉 인류의 후손들 사이에 슬픈 노래로써
숨김없이 알려졌나니, 그렌델이 오랫동안
흐로드가르와 싸웠고, 적개심에 불타서,
수년 동안 폭력과 적대 행위를 일삼으며,
끊임없이 싸웠다는 것이라. 그렌델은
어느 덴마크 군사와도 평화를 원치 않았고,
치명적 악행을 멈추려하거나, 재물로 해결하려[12]
하지도 않았으니, 어떤 현자도 살인마의 손에서
획기적 보상을 기대할 근거를 찾지 못했도다.
오히려 그 괴물은 모두를 위태롭게 했으니,
이 어두운 죽음의 그림자는 노소를 막론하고

---

12 고대 '게르만 법'에 따르면, 살인죄를 범한 그렌델에게는 피살자에 대한 보상금을 지급함으로써 그 문제를 매듭지어야 할 의무가 있었다.

모든 군사를 매복하여 기다렸고, 영원한 어둠 속
안개 낀 늪지에 살았기에, 그런 악마들의 걸음이
어디로 향하는지 인간은 알 수 없도다.

이렇게 인류의 적, 소름끼치는 외톨이는
종종 수많은 사악한 행동을 저질렀으며,
혹독한 해를 끼쳤도다. 그는 캄캄한 밤마다
화려하게 장식된 회관, 헤오로트에 머물렀으나,
하나님 때문에[13] 귀중한 권좌[14]에 접근할 수
없었고, 하나님의 사랑을 알지도 못했도다.
그것은 덴마크 군주에게 큰 걱정거리이자
애끓는 고통이었기에, 많은 고관은 종종
회의를 소집하여 대책을 강구했나니,
급습에 대비해 용감한 자들이 취해야 할
최선의 방책이 무엇일까 논의했도다.
때때로 그들은 이교 신전에서 희생 제물을
바치기로 맹세했고, 영혼 - 살해자[15]가
크나큰 재앙으로부터 그들을 구해주기를

---

[13] 하나님의 섭리에 따라서, 저주받은 그는 권좌에 접근할 수 없었다.

[14] 이 단어를 직역하면 '선물 - 석'(gift-seat)인데, 이곳에서 군주가 선물을 나눠주었기 때문에 이렇게 불렸다.

[15] '영혼 - 살해자'(soul-slayer)는 즉 사탄이다.

큰 소리로 탄원했도다. 그것이 그들의 관습이요,
이교도적 희망이었으니, 그들은 마음속에
지옥만 떠올렸을 뿐, 선행과 악행의 심판자,
하나님도 몰랐고, 주 하나님도 알지 못했으며,
참으로 그들은 하늘의 수호자, 영광의 통치자를
찬양하는 법도 몰랐도다. 극심한 고통의 때에
도움의 요청이나, 회개도 전혀 없이,
제 영혼을 불 속에 던지는 자에게는
화가 있을 지어다! 그러나 죽은 후에
주님께 나아가고, 하나님 아버지 품에서
평화를 찾을 수 있는 자는 복이 있도다!

03 바다 건너 덴마크에 온 베오울프 (189~257)

이리하여 당시 헤알프데인의 아들은 언제나
근심에 싸여 있었고, 그 현명한 왕은 비통함을
떨쳐버리지 못했으니, 백성에게 닥쳐온 고난은
너무도 가혹했고, 쓰라렸고, 오래 지속되었으며,
잔인하고 처참한 재해요, 최악의 야간 재앙이었도다.
예이츠[16] 백성 중 훌륭한, 히엘락[17]의 신하[18]가

고국에서 그렌델의 악행에 관해 들었는데,
그는 당대에 이 땅에 살았던 사람 중
가장 힘센 자였으며, 신분이 고귀하고
용맹했도다. 그는 자기를 위해 좋은 배를
마련하도록 명령했고, 백조-길을 건너
저 유명한 군주, 전쟁-왕[19]을 찾아가겠노라
말했나니, 그에게 사람들이 필요했기 때문이라.
현자들은 그가 자신들에게 소중했음에도,
원정을 떠나려는 그를 비난하기는커녕,
그 용사를 격려하고, 점을 쳐 전조를 살폈도다.
그 훌륭한 자는 예이츠인들 가운데서
전사들을 택했으니, 그가 찾을 수 있었던
가장 용맹한 자들이라. 항해술에 능통한 그는
다른 14명과 더불어 배 있는 곳을 찾아서,
해안가 쪽으로 용사들을 인도했도다.
시간은 흘러갔고, 해안 절벽 아래 대기하던

---

16 예이츠(Geatas) : 스웨덴(Sweden) 남쪽에 거주한 스칸디나비아 종족 (Scandinavian tribe).

17 히엘락(Higelac, 또는 Hygelac) : 예이츠의 왕.

18 이 시의 주인공 베오울프. 이제부터 그의 무용담이 시작되지만, 그의 이름은 343행에 가서야 자신에 의해 처음 언급된다.

19 흐로드가르를 말한다.

배는 바다에 떠 있었도다. 용사들은 재빨리
뱃머리에 올라탔고, 물결은 소용돌이 쳐
해안가 모래에 부딪쳤으며, 용사들은
번쩍이는 무기들과 휘황찬란한 갑옷을
배 안에 싣고서, 튼튼히 묶인 배[20]를
앞으로 밀었고, 바라던 항해에 올랐도다.
배는 목 주위에 거품을 일으키며 꼭 새처럼[21]
바람에 실려 출렁이는 바다로 항해했으며,
예정된 시간이 지난 후 다음 날까지
뱃머리가 굽은 그 배는 전진했나니,
마침내 선원들은 육지와 햇빛에 반짝이는
해안 절벽, 가파른 언덕, 넓은 갑(岬) 등을
볼 수 있었으며, 이리하여 바다 건너
항해는 끝났도다. 거기서 예이츠 용사들은
재빨리 육지로 올라가 배를 정박시켰나니,
그들의 전투복, 쇠미늘 갑옷이 덜거덕거렸고,
그들은 거친 파도를 넘어 항해가 순조롭게

---

20 튼튼하게 잘 묶어서 견고하게 만든 배를 말하며, 이런 표현을 통해서 고대 장인들의 뛰어난 솜씨에 대한 자긍심을 나타낸다.

21 고대 스칸디나비아의 작은 배의 뱃머리 상부는 종종 '거위 목' 모양으로 만들어졌다.

이루어졌음을 하나님께 감사했도다.
그때 높은 언덕에서 해안 절벽을 지키던
덴마크 경비병 하나가 번쩍이는 방패들과
전투태세를 갖춘 갑옷이 현문(舷門)[22]에서
옮겨지는 것을 보게 되자, 호기심이 발동하여
그 사람들이 누구인지 몹시 알고 싶어 했도다.
그래서 흐로드가르의 전사는 몸소 말을 몰아
해안으로 내려가, 손에 든 커다란 창을
힘껏 휘두르더니, 정중한 말로 물었도다.
"그대들은 도대체 어떤 용사들이기에,
쇠미늘 갑옷으로 무장하고, 바다 - 길로
커다란 배를 몰아, 이렇게 바다 건너
이곳에 온 거요? 보시오, 나는 오랫동안
해안 경비병으로 바다를 지켜왔소,
그 어떤 적군도 해군력을 동원해
덴마크 영토를 해치지 못하도록 말이오.
그대들보다 더 공공연히 이곳에 온 용사들은
한 번도 없었거니와, 그대들은 지휘관의 허가서,

22 선박의 현측에 설비한 출입구. 즉 배의 후갑판으로부터 건널 판에 이르는 통로를 뜻한다.

혹은 친족들의 동의가 있어야 함을 전혀
몰랐던 것 같소. 나는 그대들 중의 한 사람,
갑옷 입은 그보다 더 위대한 용사를 세상에서
본 적이 없소. 그의 용모, 비길 데 없는 외모가
그의 진면목을 속이는 게 아니라면, 그는 단지
무기 때문에 돋보이는 가신은 아닐 거요. 이제
그대들이 덴마크 땅에 온 첩자처럼 이곳에서
한 걸음도 더 나아가기 전에 그대들의 근본을
알아야겠소.[23] 자, 바다를 건너온
먼 나라 주민들이여, 단도직입적으로
말하겠소. 그대들이 어디서 왔는지
신속히 말하는 것이 최선일 것이오."

04 덴마크에 온 목적을 알리는 베오울프 (258~319)

그 무리의 수령(首領)이요 통솔자가
그에게 대답하여 말문을 열었도다.

---

23 그들이 정체를 밝히지 않고 계속 전진하려고 할 경우에는 첩자로 간주될 것이라는 의미이다.

"우리는 예이츠 왕국의 백성이며
히엘락 왕의 충직한 신하들이오.
내 부친은 여러 민족 사이에 잘 알려진
훌륭한 영도자이시며, 에찌데오우[24]라 하오.
그분은 천수를 누리신 후, 고령으로
세상을 떠나셨소만, 이 세상 도처에 거하는
모든 현자는 그를 잘 기억하고 있소.
우리는 우호적인 뜻에서, 그대의 군주요
백성의 수호자이신, 헤알프데인의 아들을
알현하러 왔소. 우리를 잘 인도해 주시오!
우리는 저명한 덴마크 군주께 중대 용무를
띠고 왔으니, 아무것도 숨길 필요가
없다고 생각되오. 우리가 확실히 들은바,
어떤 정체불명의 불가사의한 박해자가
캄캄한 밤마다 덴마크인들에게 나타나
끔찍한 방법으로 무서운 폭행, 해악과 살육을
자행한다는데, 이것이 사실인지 말해주시오.
나는 아량을 베풀어 흐로드가르께 이에 관해

24 에찌데오우(Ecg-theow) : 베오울프의 아버지. 이 단어는 '칼'(sword)을 뜻하는 '에찌'(ecg)와 '종'(servant)을 뜻하는 '데오우'(theow)의 합성어이다.

조언을 드리고 싶소, 현명하고 훌륭하신
그분이 어떻게 그 적을 물리칠 수 있는지 –
혹시라도 후에 그 재난으로 인한 고통에서
벗어날 수 있는 변화의 기회가 오게 되어,
그의 애끓는 슬픔이 보다 진정된다면 말이오.
그렇지 않으면, 그 가장 훌륭한 집이 높은 곳에
서 있는 한, 그는 언제나 극심한 고통과
시련의 시간을 겪게 되실 것이오."
　대담무쌍한 사관인 그 경비병은
마상에 앉은 채 말했도다. "올바로 생각하는
현명한 용사라면 말과 행동의 차이를
판단할 줄 알아야 할 것이오.[25]
듣자 하니, 그대들은 덴마크 왕에게
우호적인 용사들 같소. 무기와 갑옷을
가지고 전진하시오, 내가 인도하겠소.
또한, 그대들의 배를 모든 적으로부터
지키도록 내 젊은 부하들에게 명령하겠소,
뱃머리가 굽은 그 배가 사랑하는 그대들을

---

[25] 이와 같은 일반적 진술은 말하자면 '그대의 말과 행동을 면밀히 살피는 것이 내 의무였다'는 것을 우회적으로 표현한 것이다.

바다 건너 에이츠 땅으로 다시 실어갈 때까지,
모래사장에 정박된, 새로 타르를 칠한 배를
명예를 걸고 안전하게 지키도록 말이오.
선을 행하는 자는 전쟁의 폭풍 속에서도
다치지 않고 안전하게 살아남는 법이오.

그러자 그들은 출발했고, 널찍한 배는
밧줄에 묶여 견고하게 정박된 채 멈춰
있었도다. 불로 연단된, 번쩍이는 금장식의
수퇘지 형상[26]이 투구 위에서 빛났는데,
호전적인 그 형상은 맹렬한 용사들의
생명을 지켜 주었도다. 용사들은 서둘러,
금으로 장식된 화려한 목조 건물이
눈앞에 나타날 때까지 함께 행진했나니,
그것은 하늘 아래, 세인들에게 가장 유명한
건물이라. 위대한 왕은 그곳에 머물렀으며,
회관의 빛은 많은 지역을 비추었도다.
그때 용맹스런 전사인 경비병은
용사들의 거처인 빛나는 성채를 가리키며,

26 수퇘지 형상으로 장식된 투구들이 여러 고고학적 발굴 현장에서 발견되었다. 수퇘지를 형상화한 것은 그 동물이 지닌 공격성 때문이었던 것 같다.

무리를 곧장 그곳으로 안내했도다.
그 후 그 용사는 말(馬)을 돌리며 말했도다.
"나는 갈 때가 되었소. 전능하신 성부께서
자비를 베풀어 그대들의 여정을 안전하게
지켜주시기 바라오! 나는 바다로 돌아가
적군들의 습격에 대비해 경비를 서야 하오."

05 헤오로트에 도착한 베오울프 (320~370)

길은 돌로 포장되어 있었고, 그 길 따라
용사들은 다 함께 나갔도다. 무장한 그들이
행군하여 맨 처음 회관에 도착했을 때
손으로 엮어 만든 튼튼한 갑옷은 빛났고,
갑옷의 반짝이는 쇠고리들은 달그랑거렸도다.
항해에 지친 그들이 넓은 방패들, 놀랍도록
견고한 방패의 돌출 부분을 회관 벽에 세우고,
벤치에 털썩 주저앉자, 그들의 전투복, 갑옷들이
부딪쳐 소리를 냈으며, 그 선원들의 무기인,
끝 부분이 회색인 물푸레나무 창[27]들도 모두
한데 세워져 있었으니, 그 철기 부대는 무기들로
무장했던 것이라.

그러자 자만심에 가득 찬
한 용사[28]가 그 용사들의 근원에 대해 물었도다.
"그대들은 어디서 왔소? 이 장식된 방패들,
회색 쇠미늘 갑옷들, 면갑(面甲) 달린 투구들과
이 많은 창을 갖고서. 나는 흐로드가르 왕의
사신이자 사관이오만, 그대들보다 더 담대한
외지 사람들을 이렇게 많이 본 적이 없소.
그대들이 흐로드가르를 찾아온 것은 망명이
아니라 자부심, 담대한 마음 때문이라 생각하오."
그때 용감무쌍하고, 자긍심 강한 예이츠인이
투구를 쓴 채 결연한 자세를 내보이며
그의 말에 응했도다. "우리는 히엘락 왕의
충직한 신하들이며, 내 이름은 베오울프요.
명성이 높은 왕이며, 헤알프데인의 아들인
그대의 군주께서 우리가 훌륭하신 그분을
알현할 수 있도록 성은을 베푸신다면,
그분께 내 임무에 관해 말씀드리겠소."
웬델[29]인으로, 그의 성품인 용기와 지혜가

---

[27] 물푸레나무로 만들어진 창의 뾰족한 끝 부분에는 철을 사용했다.

[28] 흐로드가르 왕의 궁정 관리인 울프가르(Wulfgar)를 말한다. 그의 이름은 349행에서 밝혀진다.

많은 사람에게 알려졌던 울프가르가
말했도다. “나는 그대의 요청대로,
덴마크의 군주이자, 백성의 친구이며,
보물을 하사하시는, 명성이 높은 왕께
그대의 여정에 관해 여쭤 볼 것이며,
그 훌륭하신 분이 내게 주시려고 생각한
회답을 그대에게 속히 알려주겠소.”
그 후 그는, 백발노인 흐로드가르 왕이
용사들과 함께 앉은 곳으로 속히 돌아갔도다.
용감한 그는 걸음을 재촉하여 덴마크 왕의
면전에 섰나니, 신하의 도리를 알았던 것이라.
울프가르는 그의 친절하신 군주께 말했도다.
“예이츠인들이 머나먼 곳으로부터
드넓은 바다 건너 이곳에 왔나이다.
그 용사들을 이끄는 우두머리는
베오울프라 하옵니다. 나의 군주시여,
그들이 전하를 뵈옵고 여쭙기를 간청하니,
자비로우신 흐로드가르 왕이시여!

---

29 웬델(Wendel) : 반달족(Vandals) 또는 스웨덴의 벤델(Vendel) 지역이나, 유틀란드 반도의 벤딜(Vendill) 지역의 거주민으로 추측된다.

거절하지 마시고 회답해 주옵소서.
그들의 군장을 보아하니, 그들은 용사들의
존경을 받을 만하며, 그 용사들을 이곳까지
인도한 수령은 진실로 강한 자이옵니다.”

06 베오울프를 영접하는 흐로드가르 (371~455)

　덴마크 백성의 수호자, 흐로드가르는 말했도다.
나는 어릴 적부터 그를 알았노라.
그의 선친의 존함은 에찌데오우라 하는데,
예이츠 왕 흐레델[30]은 자기 외동딸을
그에게 시집보냈었노라. 그의 용감한 아들이
옛정을 생각하여 지금 여기 왔도다.
한때 예이츠인들을 위한 우호의 선물을
그곳까지 운반하고 돌아온 선원들의
말에 의하면, 용맹스러운 전사인 그는
남자 30명과 맞먹는 힘을 한 손아귀에

---

30 흐레델(Hrethel) : 히엘락의 부친이며, 베오울프의 외조부인 동시에, 어린 베오울프가 흐레델의 궁전에서 자랄 때는 그의 보호자였다(2428행 이하 참조).

가졌다고 하느니라. 거룩하신 하나님이
은혜를 베푸사, 우리를 그렌델의 공포로부터
지키시려고 그를 덴마크인들에게 보내셨으니,
내가 바라던 바로다. 그의 용기에 보답하여
그 훌륭한 이에게 보물을 하사하겠노라.
그대는 서둘러 가서, 그 친족 무리[31]에게
다 함께 모여 나를 보러 오도록 명하라.
또한, 덴마크 백성들이 그들을 환영한다는
말도 전하라." [그러자 그 유명한 용사는
현관까지 가서] 문 안에서 말을 전했도다.[32]
"덴마크의 왕이신 나의 승전의 군주께서는
그대들의 고귀한 혈통을 알고 계시며,
거친 파도 넘어 이곳에 온 용감한 그대들을
환영한다는 말씀을 전하라고 분부하셨소.

---

[31] 베오울프와 그의 용사들. cf. '친족 무리'를, '보다'의 목적어로 간주하여, '덴마크인들'(흐로드가르의 신하들)로 해석하기도 한다. 이 경우, 베오울프 일행이 흐로드가르의 신하들을 보러 오는 것이 된다. 그러나 이렇게 해석할 경우, '명(령)하다'는 동사의 목적어를 찾을 수 없다. 또한, 문맥상으로도 '친족 무리'를 '베오울프와 그의 용사들'로 보는 것이 더 타당한 것 같다. 그들이 흐로드가르 왕을 만나기도 전에 그의 신하들을 보러 온다는 것은 자연스럽지 않기 때문이다.

[32] 울프가르가 헤오로트의 현관까지 가서 문 안에서 베오울프 일행이 있는 문밖을 향해 말했다는 뜻.

자, 이제 투구를 쓰고 군장을 갖춘 채
흐로드가르 왕을 알현하러 들어오시오.
단, 회담의 분명한 결론이 나오기까지
방패들과 목제 창들은 여기 놓아두시오.”
　그러자 위대한 자[33]는 힘센 용사의 무리에
에워싸인 채 일어났도다. 일부는 거기 남아
용감한 자[34]의 명령대로, 무기를 지켰으며,
나머지는 모두 그의 안내를 받아 서둘러
헤오로트 지붕 아래로 들어갔나니, 투구 쓴
강인한 용사 베오울프는 벽난로 옆에 멈춰 서,
대장장이의 탁월한 솜씨로 엮어 만든
쇠미늘 그물 갑옷을 반짝이며 말했도다.
“흐로드가르 왕이시여, 강녕하소서! 저는 히엘락의
친족이자 가신이며, 젊어서 명예로운 업적을 많이
쌓았나이다. 그런데 그렌델의 소행이 드러나
본국에 있는 저에게까지 알려졌나이다.
선원들이 말하길, 저녁 해가 창공으로부터
자취를 감춰버리면, 가장 훌륭한 건물인

---

33 베오울프.
34 울프가르.

이 회관이 텅 비고 모든 용사에게
아무 쓸모도 없게 된다고 하더이다.
흐로드가르 왕이시여, 그때 제 백성들,
가장 탁월하고도 현명한 저들이,
저의 막강한 힘의 위력을 알았기에,
제게 폐하를 찾아가도록 권고했나이다.
제가 적과의 전투에서 피투성이로 돌아왔을 때
그들이 목격했던바, 저는 거인 다섯을 묶었고,
그 족속을 파멸시켰으며, 한밤중 바다에서
바다-괴물들을 죽였고, 극한 고통을 겪었으며,
예이츠인들을 박해한 적들, 화를 자처했던
그 원수들을 박살 냈나이다. 이제는 그렌델,
그 괴물, 악마와 대적하여 저 혼자 힘으로
이 사건을 종결짓겠나이다.[35] 그래서 지금,
덴마크인들의 군주요, 수호자이신 전하께
간청을 드리오니, 용사들의 피난처이며
백성들의 고귀한 친구이신 전하께서는
저를 거절하지 마옵소서. 저는 홀로

[35] 여기서는 베오울프와 그렌델의 일전을 설명하기 위해 '법률 용어'를 사용했다.

제 군대인 이 용감한 병사들과 함께
헤오로트를 정화하고자 멀리서 왔나이다.
게다가 저는, 그 괴물이 무모하게도
무기 따위를 쓰지 않는다고 들었던바,
저 또한, 저의 군주이신 히엘락 왕께서
저로 인해 마음속으로 기뻐하시도록,
칼이나 널찍한 황색 방패를 전투에
가져가지 않고, 맨손으로 그 원수를
움켜잡아 목숨 걸고 적대적(敵對敵)으로
싸우겠나이다. 누구든 죽는 자는 그것이
주님의 심판이라 믿어야 할 것이옵니다.
생각건대, 그렌델이 이기면, 그가 이제까지
종종 그랬듯, 그 전투 회관에서 겁 없이
예이츠 백성들, 즉 흐레드멘[36]의 용사들을
잡아먹을 것입니다. 제가 죽으면, 전하께옵선
제 머리를 덮으실 필요가 없사옵니다.[37]
그렌델이 피투성이인 저를 차지할 테니까요.

---

[36] 흐레드멘(Hrethmen) : 예이츠인들을 가리키는 고유명사이다.

[37] '머리를 덮는다'는 것은, 죽은 자의 머리를 천으로 덮는 고대의 장례 풍습에 대한 언급으로서, 여기서는 그렌델이 시신을 먹어버려 시신이 없어질 테니, 장례를 지낼 필요가 없다는 뜻이다.

그 외톨이는 피투성이 시체를 끌고 가서,
무자비하게 먹어치워, 황무지의 은신처를
더럽힐 것이니, 전하께옵서 제 시신을 거두시거나,
오래 애도하실 필요가 없을 것이옵니다.
제가 죽으면, 제 흉부를 보호하는 최고의 전투복,
흐레델 왕의 가보요, 웰란드[38]의 작품인
이 최상의 쇠미늘 갑옷을 히엘락에게 전해주소서.
운명은 항상 예정된 대로 가는 법이오니."[39]

07 그렌델의 습격에 관해 말하는 흐로드가르 (456~498)

덴마크인들의 수호자, 흐로드가르는 말했도다.
"내 벗, 베오울프여, 그대는 과거 행적[40] 때문에
우리를 돕고자 이곳으로 와 주었구려.

---

[38] 웰란드(Weland) : 게르만족 신화에 나오는 유명한 대장장이로서, 그의 작품은 최고의 명품으로 인정받았다.

[39] 이 경구는 이 작품에 나오는 수많은 격언 중 하나이다.

[40] '과거 행적'이란 과거에 덴마크인들이 베오울프의 아버지에게 베풀었던 호의를 말하며, 지금 베오울프는 자식 된 도리로 그것에 보답하고자 의무감과 친절한 마음으로 이곳에 왔다는 의미이다.

그대의 선친은 격투로 큰 불화를 초래했다오.
그는 윌핑그[41] 백성 중 헤아돌라프[42]를
맨손으로 때려죽였고, 그래서 예이츠인들은
전쟁이 일어날까 두려워 그를 떠나게 했소.
그 후 그는 출렁이는 파도를 넘어
영예로운 백성, 남 덴마크인들에게 왔소.
당시 나는 갓 덴마크 왕국의 통치자가 되어
젊은 나이에 이 광대한 왕국, 용사들의 보물성을
차지하고 있었소. 헤알프데인의 아들이자
내 형, 헤오로가르는 그때 이미 작고하여
세상에 없었소. 그는 나보다 더 훌륭했소!
마침내 나는 그 불화를 돈으로 해결했소.
파도 넘어 윌핑그 백성들에게 오래된 보물을
실어 보냈고, 에찌데오우는 내게 맹세했소.[43]
그렌델이 증오심을 품고 헤오로트에서
내게 어떤 굴욕적 행동과 끔찍한 공격을

[41] 윌핑그(Wilfingas) : 발틱(Baltic) 해의 남쪽에 거주한 게르만족의 한 지파로 추정된다.

[42] 헤아돌라프(Heatholaf) : 윌핑그족의 용사로서, 그의 이름은 '전쟁'(heatho)과 '남은 자'(laf)의 합성어이다.

[43] 베오울프의 아버지는 흐로드가르에게 윌핑그 백성과 평화를 지키겠노라 약속했다.

자행했는지 누군가에게 말하는 것은
내게 가슴 아픈 일이오. 나의 회관 지킴이,
용사들의 수효는 감소했고, 운명이 그들을
그렌델의 공포로 휩쓸었소. 하나님께선 쉽게
이 미친 약탈자의 소행을 멈출 수 있으실 거요!
술자리가 벌어지면 매우 자주 용사들은
술기운에 우쭐하여 호언장담하곤 했소,
자기들이 무서운 칼을 들고 주연 홀에서
그렌델의 공격을 기다리고 있겠노라고.
그러나 동이 터오고 아침이 되면,
이 찬란한 주연 회관은 피로 얼룩졌으니,
벤치가 놓인 바닥도 피투성이고, 회관엔 온통
유혈이 낭자했소. 죽음이 그들을 앗아갔기에
내 사랑하는 충성스런 부하의 수가 줄었다오.
자, 이제 주연석에 앉아서, 그대의 생각과
영광의 승전담을 마음껏 사람들에게 들려주오."
　그러자 주연 홀에는 예이츠인들이 모두
함께 앉을 수 있게 긴 의자가 마련되었고,
용사들은 강한 힘에 자부심을 느끼며
가서 앉았도다. 아름답게 장식된 술잔을
손에 든 시종 하나가 맡은바 본분을 다해

맑고 달콤한 술을 따랐도다. 음유시인은 이따금
헤오로트에서 청아한 목소리로 노래했고, 많은
덴마크와 예이츠 용사들이 즐거워하였도다.

08 운훼르드 삽화-베오울프와 브레카의 수영 시합(499~558)

덴마크 왕의 발밑에 앉아 있던
에찔라프의 아들, 운훼르드[44]가 입을 열어,
불순한 말을 뱉었도다-용감한 항해자인
베오울프의 모험은 그를 매우 화나게 했는데,
그는 하늘 아래, 이 세상에서 어느 누구도
어느 때든지 자신보다 더욱더 명성을
떨치는 것을 바라지 않았기 때문이라.
"그대가 드넓은 바다에서 브레카[45]에 맞서
수영 시합을 벌였던 바로 그 베오울프요?
그대들 둘은 자만에 차서 바다에 도전하고

[44] 운훼르드(Unferth) : 에찔라프(Ecglaf)의 아들이며, 흐로드가르 왕의 가신.
[45] 브레카(Breca) : 브론딩족(Brondingas. 521행에 언급됨)의 우두머리.

어리석게도 허세를 부리며 깊은 물 속에서
목숨을 걸었소. 그대들이 바다에서 수영할 때
그대들의 친구든 적이든 어느 누구도
그 위험한 모험을 만류할 수 없었소.
그대들은 양팔 벌려 바다 물결을 끌어안고,
바닷길을 건너, 손으로 재빨리 움직이며,
바다 위로 미끄러지듯 나아갔고, 바다는 파도로,
겨울 물결로 요동쳤소. 그대들은 7일 밤 동안
세찬 물살로 고투했고, 더 힘센 브레카가
수영에서 그대를 이겼소. 그는 다음 날 아침
파도에 실려 헤아도램인들[46]의 땅으로 흘러갔고,
백성들의 사랑을 받던 그는 그곳으로부터
그의 사랑하는 조국, 브론딩족들의 땅,
아름다운 성채로 갔고, 거기서 백성들과
성과 보물들을 차지했소. 베안스탄[47]의 아들은
그대에게 자랑했던 대로 충실히 이뤄냈소.[48]
그러므로 그대가 지금까지 모든 무서운 전투와
전쟁의 격랑을 헤쳐 왔다 해도, 감히 그렌델을

---

[46] 헤아도램인들(Heatho-Reams) : 남부 노르웨이 지역에 거주하는 사람들.

[47] 베안스탄(Beanstan) : 브레카의 아버지.

[48] 그가 자랑한 대로 수영 시합에서 이겼다는 뜻이다.

가까이서 밤새도록 기다린다면, 이전보다
더 나쁜 결과를 맞게 되리라 생각하오."
　에찌데오우의 아들, 베오울프는 말했도다.
"이보시오, 나의 벗 운훼르드여, 그대는
술에 취해 브레카와 그의 모험에 대해
많은 말을 하였도다! 사실대로 말하자면,
나는 어느 누구보다도 바다의 강자로서,
파도와 싸우면서 어려움을 겪어냈소.
당시 우리 둘은 모두 어렸기에,
젊은이다운 만용으로 바다에서
목숨을 건 시합을 하기로 동의하고,
또 맹세했으며, 그대로 실행했던 것이오.
바다에서 수영할 때 우리 둘은 칼집에서 빼낸
단단한 칼을 손에 들고 있었소. 고래에게서 우릴
보호하기 위함이었소. 그는 바다에서 파도 넘어
결코 나보다 더 멀리, 더 빨리 헤엄칠 수 없었고,
나 역시 그보다 더 멀리 가고 싶지 않았소.
그래서 우리 둘은 바다에서 5일 밤을
함께 보냈는데, 마침내 몰려든 밀물과
굽이치는 파도, 살을 에는 추운 날씨,
점점 어두워지는 밤, 매서운 북풍은

우리를 갈라놓았고, 파도는 거칠었소.
바다 - 짐승들이 자극받아 격동했으나,
그때, 손으로 엮은 튼튼한 내 쇠미늘 갑옷이
악의에 찬 그 짐승들로부터 나를 구해주었소,
금장식을 한 수제(手製) 전투복이 내 가슴을
덮고 있었던 것이오. 어떤 성난 잔인한 적이
나를 바다 밑바닥까지 끌고 가서,
손아귀로 힘껏 움켜잡았지만, 천우신조로,
나는 전투 - 검의 끝으로 그 괴물을
찔렀고, 폭풍 같은 전투 끝에 내 손으로
그 힘센 바다 - 짐승을 처단했다오.

09 운훼르드 삽화 〈계속〉; 헤오로트 회관의 주연(559~661)

"이렇게 악행자들은 빈번히 혹독하게
나를 괴롭혔소. 그러나 나는 소중한 검으로
그들에게 맞섰소, 그것이 온당했기 때문이오.
그 악한 파괴자들은 해저에 주연을 베풀고
빙 둘러앉아 나를 잡아먹으려던

성찬의 기쁨을 결코 누리지 못했고,
오히려 아침이 되자 검에 찔려
상처 입고 시체로 변하여
해변에 누워 있었으니, 그 후 그들은
깊은 바다를 항해하는 선원들의 뱃길을
방해하지 못했소. 하나님의 찬란한 신호인
태양이 동녘에서 떠올랐고, 바다는 고요해져,
갑(岬)과 바람막이 해안 벽이 눈에 들어왔소.
운명은 종종 아직 명이 다하지 않은 자가
불굴의 용기를 나타낼 때 돕는 법이오!
하지만 운명이 어찌 되었든, 나는 검으로
아홉 바다 - 괴물을 죽였소. 나는 듣지 못했다오,
하늘 아래 이보다 더 치열한 야전(夜戰)에 대해서도,
출렁이는 해류 속에서 더 비참했던 자[49]에 대해서도.
나는 그 정벌로 지치긴 했지만, 적의 손아귀에서
빠져나와 목숨을 건졌소. 그 후엔 바다 물결이,
솟구치는 파도가 조류 따라 나를 핀란드 땅에
실어다 주었다오. 나는 그대가 이와 같은
전투들과 무서운 검투를 했다는 이야기를

[49] 베오울프 자신을 가리킨다.

들어본 적 없소. 내가 자랑하는 건 아니나,
브레카와 그대 둘 중 어느 누구도
전투에서 번쩍이는 칼들을 가지고
그토록[50] 대담한 전공을 세우진 못했소,
그대는 그대의 근친인 형제들을 죽였고,
그 때문에, 뛰어난 재치에도 불구하고,
지옥에서 저주받게 되겠지만 말이오.
사실대로 말하자면, 에찔라프의 아들이여,
그대 마음과 정신이 그대 말처럼 전투에서
용맹했다면, 그 무시무시한 괴물, 그렌델이
그대의 군주께 그토록 많은 가공할 짓과
헤오로트의 굴욕을 초래하진 못했을 거요.
그러나 그는 그대 백성, 승전의 덴마크인들의
적개심과 무서운 칼바람을 겁낼 필요가
전혀 없다는 것을 알게 되었기에,
공물을 강제 징수하고, 덴마크인 누구에게도
자비를 베풀지 않았으며, 즐기고, 죽이고,
향연을 벌이며, 덴마크인들의 어떤 항쟁도
예상하지 못했소. 그러나 나는 이제 곧,

---

50 베오울프가 이룬 것과 같은.

전투에 임하는 예이츠인들의 힘과 용기를
그에게 보여줄 것이오. 다음 날 아침 빛이,
광휘로 둘러싸인 태양이 남쪽으로부터
인류의 자녀들을 비출 때, 원하는 자는 누구나
의기충천하여 다시 주연 홀에 가게 될 것이오!"
　그러자 용감한 전사, 백발의 보물 하사자께서
기뻐하셨나니, 그 덴마크인들의 군주께서는
도움을 굳게 믿었고, 백성의 수호자께서는
베오울프로부터 확고한 결심을 들었도다.
　용사들의 웃음소리 들렸고, 시끌벅적했으며,
즐거운 말들이 오갔도다. 흐로드가르의 왕후,
예의 바른 웨알데오우[51]가 금붙이로 치장하고
앞으로 나와, 회관의 용사들을 맞이했도다.
그 고상한 여인은 고국 덴마크의 영도자께
제일 먼저 가득 찬 술잔을 바치고,
백성들의 사랑 받는 그분께 주연을

[51] 흐로드가르의 왕후의 이름, 웨알데오우(Wealh-theow)는 덴마크식 이름이 아니다. 이 이름은 '켈트족의 또는 외국의'라는 뜻의 '웨알'(Wealh)과 '포로'를 뜻하는 '데오우'(theow)의 합성어로서, 말하자면, '켈트족의 종'(Celtic servant)이라는 뜻이다. 이 이름은 헬밍족(Helmingas) 출신인 그녀의 외국 혈통을 나타낸다(620행 참조).

즐기시라 아뢰었도다. 그 승전의 왕은
기뻐하며 연회에 참석하여, 잔을 받았도다.
그러자 그 헬밍족 여인은 노소를 막론하고
모든 용사들 사이로 돌아다니면서
귀중한 술잔을 돌렸고, 마침내 차례가 오자,
금 고리로 치장하고 덕망 갖춘 왕비는
베오울프에게 가서 술잔을 건넸으며,
지혜로운 말로 그 예이츠인을 맞이했고,
그들을 악행에서 구해줄, 믿을 만한 용사가
나타나기 바랐던 자신의 소원을 들어주신
하나님께 감사드렸도다. 전투에 용맹스러운
그 전사는 웨알데오우에게서 잔을 받았고,
임전 태세를 갖추고 그녀에게 말했나니,
에찌데오우의 아들 베오울프가 말하길:
"바다에 배를 출항시켰을 때, 저는
제 용사들과 뱃전에 앉아 결심했었지요,
전하의 백성들의 소망을 온전히 이루든지,
아니면 적의 단단한 손아귀에 잡혀
전장에서 죽으리라고. 저는 영웅적 용기로
그 목적을 이룰 것이며, 그렇지 못하면
이 주연 홀에서 종말을 맞이할 것이옵니다!"

예이츠인의 이 호언장담의 말들은 그 여인을
매우 기쁘게 해주었고, 금붙이로 치장한
고상한 왕비는 자기 군주 곁에 가서 앉았도다.
그러자 홀 안에서는 다시 예전처럼
호기로운 말들이 오갔고, 사람들은 기뻤으며,
승전의 백성들의 소리가 들렸도다, 마침내
헤알프데인의 아들이 곧 밤의 휴식을
취하고자 할 때까지. 그는 괴물 그렌델이,
태양 빛을 볼 수 있을 미명으로부터,
점점 어두워지는 밤이 모든 것을 덮고,
암흑의 형체들이 구름 아래로 새까맣게
미끄러져 올 때까지, 위대한 회관에서의 전투를
계획했음을 알았도다. 그들은 모두 일어났고,
한 사람이 다른 사람에게, 즉 흐로드가르가
베오울프에게 인사하고 행운을 빌었으며,
주연 홀을 지켜 달라 당부하며 말했도다.
"나는 손에 방패를 들을 수 있을 때부터,[52]
지금 그대를 제외하고는, 이전에 누구에게도

[52] 원문에서는 '손'과 '방패'가 모두 '들다'는 동사의 목적어이므로, 이 행의 정확한 번역은 "나는 손과 방패를 들을 수 있을 때부터"이나, 우리말의 자연스러운 표현을 위해 '손에 방패를'로 의역했음을 밝힌다.

덴마크인들의 훌륭한 회관을 맡긴 적이 없소.
지금 가장 훌륭한 이 회관을 맡아 지키고,
명성을 생각하며, 탁월한 용기를 발휘하여,
적을 잘 감시하오! 그대가 용맹스러운 전투에서
살아남으면, 원하는 것은 무엇이나 얻게 될 거요."

10 그렌델에 대한 감시 (662~709)

　그 후 덴마크인들의 수호자, 흐로드가르는
자신의 용사들 무리와 함께 회관을 떠났으니,
그 전쟁-수장은 왕비요 배우자인 웨알데오우에게
가고자 함이었도다.[53] 사람들이 들은 바에 의하면,
영광의 왕[54]께서 그렌델의 습격에 대비하여
회관 보초를 세웠고, 그는 덴마크 군주를 위해
거인 그렌델을 감시하는 특별 임무를 수행했도다.
참으로 그 예이츠인은 자신의 용맹스런 힘과
하나님의 은총을 굳게 믿고 있었도다.

---

[53] 웨알데오우 왕비는 이미 회관을 떠나 침소로 갔다는 내용은 생략되었다.
[54] '영광의 왕'(the King of Glory) : 하나님을 지칭한다.

그래서 몸소 쇠미늘 갑옷을 벗어 던졌으며,
머리에서 투구를 벗었고, 대장장이의 걸작품인
그의 장식된 검을 시종에게 맡기고,
그의 군장을 잘 지키라고 명령했도다.
그런 다음 훌륭한 용사, 예이츠인 베오울프는
잠자리에 들기 전, 호언장담을 하였도다.
"나는 무용(武勇)과 전적(戰績) 모두에서
그렌델 자신보다 못하다고 생각하지 않소.
그러므로 얼마든지 그럴 수 있겠지만,
검으로 그를 죽여 목숨을 빼앗진 않을 거요.
그자는 힘이 세어 싸움은 잘하지만,
무기 사용법을 몰라서 칼로 나를 치거나
방패를 자를 줄도 모른다오. 그러니 만약 그가
감히 무기 없이 싸우고자 한다면, 우리 둘은
오늘 밤, 검을 쓰지 않을 거요. 그러면 이후
지혜로운 하나님, 거룩하신 주님께서 어느 편이든
합당하게 여기는 자에게 승리의 영광을 주실 것이오."
그리고는 전투에 용감한 그는 몸을 구부려
얼굴을 베개에 대었고, 그러자 그 주위의 많은
담대한 바다의 용사들이 홀의 잠자리에 들었도다.
그들 중 아무도 그곳으로부터 사랑하는 고향,

동포, 혹은 자기가 자라난 소중한 마을에
다시 돌아갈 것이라 생각하지 않았으니,
이전에 그 주연 홀에서 무시무시한 죽음이
너무도 많은 덴마크 사람들을 데려갔다고
들었기 때문이라. 그러나 하나님께서
예이츠인들에게 승리의 행운과
위로와 도움을 주셔서, 단 한 사람의 힘,
그의 능력만으로 적들을 모두 물리치게
하셨던 것이라. 진리가 명백해졌으니,
전능하신 하나님께서 인류를 영원토록
통치하시도다.

캄캄한 밤에 어둠 속 보행자가
미끄러지듯 다가왔도다. 박공 달린 그 집을
지켜야 했던 용사들은 한 사람을 제외하곤
모두 잠들었도다. 하나님께서 원하시지 않으면,
그 악의에 찬 악마가 그들을 어둠 속으로
끌고 갈 수 없다는 것이 잘 알려져 있었지만,
사나운 적에 대한 분노에 사로잡힌 그는 깨어서
긴장한 채 싸움의 결과를 기다리고 있었도다.

11 그렌델의 습격 (710~790)

그러자 안개 낀 언덕 밑 황무지로부터
하나님의 진노를 산 그렌델이 걸어 나왔고,
그 사악한 약탈자는 높다란 회관에서
누군가를 사로잡고자 작정하였도다.
그는 판금(板金)으로 반짝이는, 사람들의 황금홀,
그 주연 회관이 가장 뚜렷이 보이는 지점까지
구름 밑으로 나아갔도다. 그가 흐로드가르의 집을
찾아 나선 것이 그때가 처음은 아니었으나,
일생을 전후하여 그렇게 고약한 운세라든가,
강한 회관 지킴이 가신들을 만난 적이 없었도다!
그 전사는 기쁨을 잃은 채 계속 전진하여
회관에 도착했도다. 불로 벼린 빗장으로
굳게 잠긴 문은 그의 손이 닿자마자 활짝 열렸고,
노기등등한 그는 회관 입구를 부숴버릴 기세로
홱 열어젖혔도다. 그 후 그 악마는 재빨리
알록달록 장식된 바닥을 저벅저벅 밟으며,
격분한 채 나아갔는데, 그의 눈에서는
무시무시한 빛이 불꽃처럼 번뜩였도다.
그는 홀에서 많은 용사, 즉 친족의 무리요,
젊은 용사들의 부대가 다 함께 자고 있음을

보았도다. 그러자 그의 마음은 기뻤고,
그 끔찍한 괴물은, 날이 밝기 전에,
그들 각자의 몸에서 생명을 떼어놓고자
작정했으며, 그러자 진수성찬에 대한
기대에 부풀었도다. 그러나 그 밤이 지나면
더 이상 사람들을 잡아먹지 못하는 것이
그의 운명이었다. 히엘락의 친족인
힘센 자는 그 사악한 약탈자가 어떻게
급습하여 진격해 올 것인지 지켜보았도다.
그 괴물은 지체할 의도는 전혀 없었고,
첫 번째 공격에서 자고 있는 한 용사를
재빨리 붙잡아, 게걸스럽게 찢고,
관절을 물어뜯어, 혈관에서 피를 마시고,
커다란 살덩이를 삼켰나니, 순식간에
죽은 자의 손과 발 등의 모든 부분을
먹어치웠도다. 그는 더 가까이 다가서서,
침대에 누워 있는 담대한 용사를 손으로
잡았나니, 그 악마는 그를 향해 한 손을
뻗은 것이라. 베오울프는 공격하고자 재빨리
그를 잡고, 한 팔로 지탱하며 일어나 앉았도다.
그 즉시 이 악행의 수호자는, 이 세상,

지구 상 어느 구석의 어떤 사람에게서도
이보다 더 힘센 악력을 겪어 본 적 없음을
알게 되었나니, 마음속으로 기가 죽고
겁이 났으나, 당장 도망칠 수도 없었도다.
내심 간절히 달아나고 싶었고, 은신처로 도망쳐
악마들 틈에 숨고 싶었나니, 일평생 단 한 번도
그런 치욕을 당해 본 적이 없었기 때문이라.
그러자 히엘락의 훌륭한 친족은 전날 저녁의
자신의 연설을 상기하고, 벌떡 일어나
그렌델을 꽉 잡았도다. 손가락들이 부러졌고,
괴물은 도망치려 했지만, 영웅은 더 다가섰도다.
악명 높은 그자는 그렇게 할 수만 있다면
더 먼 곳으로 달아나 거기서 늪지의 은신처로
도주코자 했으나, 제 손가락이 적의 손아귀에 잡혀
힘을 쓸 수 없음을 알았도다. 그 사악한 약탈자의
헤오로트 여행은 참으로 비통한 것이었도다!
웅장한 회관이 크게 울렸고, 모든 덴마크인,
마을 주민들, 모든 담대한 용사들에게,
공포가 엄습했도다. 회관의 두 수호자[55] 모두

[55] 베오울프와 그렌델.

격분했고 사나웠으며, 건물은 다시 울렸도다.
그때 그 아름다운 건물, 주연 회관이 투사들의
격투를 견뎌내고, 땅에 무너지지 않은 것은
대단히 경이로운 일이었나니, 그 건물은
뛰어난 솜씨로 안팎이 쇠틀로 아주 단단히
고정된 것이었도다. 내가 들은바,
분노한 자들이 싸운 마룻바닥에서 많은
금장식의 연회석 의자들이 튀어 올랐다 하도다.
화염이 건물을 에워싸 삼켜버리지 않는 한,
어느 누구도 어떤 방법과 교묘한 기술로도
동물 뿔로 장식된 그 빼어난 건물을 부술 수
있으리라고는 이전의 덴마크 현자들은 아무도
생각지 못했도다. 일찍이 들어본 적 없는 괴성이
울려 퍼졌나니, 벽을 타고 들려오는 울부짖음,
하나님의 적이 포효하는 무시무시한 소리,
패배의 구슬픈 가락, 지옥의 포로가
고통으로 으르렁대는 소리를 들었던
덴마크 사람들 모두에게 소름끼치는
공포가 엄습했도다. 당대의 사람 중
가장 힘센 자가 그를 꼼짝달싹 못 하게
꽉 잡았던 것이었도다.

12 베오울프의 승리 (791~836)

그 용사들의 수호자는 어떤 일이 있어도
살인마 방문객을 살려 보내려 하지 않았고,
그가 살아 있는 것이 누구에게도 유익하지 않다고
생각했도다. 베오울프의 용사들은 거기서
오랜 가보(家寶)인 검을 힘껏 뽑아들고,
할 수만 있다면, 그들의 주군인
고명한 군주의 생명을 지키고자 했도다.
용감무쌍한 용사들이 싸움에 합세하여
괴물의 생명을 빼앗고자 사방에서
그자를 베어버리려고 했을 때,
지상에서 가장 훌륭한 어떠한 검도,
그 어떤 전쟁-검도 그 악한 적수를
해칠 수 없음을 알지 못했나니,
그는 승전의 무기들과 모든 검을 주술로써
쓸모없게 만들었기 때문이라. 하지만 그는
비참하게 죽어 이승을 떠날 운명이었고,
그의 버림받은 영은 머나먼 곳으로 떠나
악마들의 지배를 받도록 되어 있었도다.
오래전 인류에게 마음의 고통을 가져오고

범죄를 자행했으며, 하나님과도 원수였던
그는 더 이상 제 몸을 쓸 수 없었고,
히엘락의 용감한 친족이 손아귀로 그를
꽉 잡아 속수무책임을 알게 되었나니,
그 둘은 살아 있는 한, 서로를
증오했도다. 그 무시무시한 괴물은
온몸에 통증을 느꼈나니, 어깨에는
치명상이 드러났고, 근육은 찢겼으며,
관절은 부서졌도다. 격투에서 영광은
베오울프에게 돌아갔으며, 그렌델은
치명상을 입고 늪지 밑으로 도망쳐
음침한 은신처로 가야 했도다. 그는
생의 종말이 다가왔고, 날 수가 다했음을
확실히 알았도다. 피로 얼룩진 공격 뒤에
모든 덴마크인에게 기쁨이 찾아왔도다.
최근 멀리서 온 현명하고 강인한 사람이
흐로드가르의 회관을 정화했으며,
재난에서 구했도다. 그는 자신의 야간 업적,
영웅적 행위로 기뻤도다. 예이츠인들의 군주는
덴마크인들에게 뽐냈던 바를 몸소 이행했고,
또한 그들이 이전에 참아 냈으며,

고약한 운명인 양 견뎌내야 했었던
작지 않은 고난, 즉 모든 고통과
고약한 슬픔을 제거했도다. 용감한 전사가
그렌델의 손과 팔과 어깨 - 그의 악력의
전 부분 - 를 둥근 지붕 밑에 걸어두었을 때
그 분명한 증거가 드러났도다.

13 헤오로트 축제; 헤레모드와 지그문트 삽화 (837~924)

듣자하니, 아침이 오자 많은 용사가
선물 회관[56] 주변에 모여들었으며,
그 놀라운 광경, 괴물의 발자국을 보려고
먼 지역에 걸쳐 원근 각처에서 종족 수장들이
찾아왔도다. 전투에 패하여 죽게 되자
낙담한 그가 어떻게 피를 뚝뚝 흘리며
수중 괴물들의 호수[57]로 도망갔는지,

---

[56] 헤오로트에서 군주가 용사들에게 선물(보물)을 나눠주었던 데서 이곳을 선물 회관이라고도 일컫는다.

[57] 그렌델과 그 어미는 반드시 물을 통해서만 갈 수 있는 동굴에 살았다.

그 불명예스러운 도주의 발자취,
그 흔적을 본 그 어떤 사람에게도
그의 죽음은 슬픈 일이 아닌 듯했도다.
그곳의 물은 피로 들끓고 있었으며,
무섭게 밀려오는 파도는 뜨거운 핏덩이,
격투의 피와 뒤섞여 소용돌이쳤도다.
죽을 운명에 놓인 그가 기쁨을 잃은 채
늪지-은신처에 숨어 제 목숨, 이교도 영혼을
내려놓았나니, 거기서 지옥은 그를 취했도다.

고참병들은 물론, 많은 젊은 병사들도 뒤따라
그곳을 떠나 즐거운 여행에서 돌아왔나니,
군마 탄 용사들은 사기충천하여 호수에서
돌아왔도다. 그들은 베오울프의 업적을
칭송했나니, 많은 이들이 거듭 말하길,
남이나 북이나, 양 대양 사이에서나,
드넓은 지상에서나, 광활한 하늘 아래
창을 들거나, 왕국을 다스리기에
그보다 더 합당한 자는 없다는 것이었다.
그렇다고 친절한 군주, 인자한 흐로드가르를
비난하지도 않았도다. 그는 좋은 왕이었기에.
용감한 전사들인 그들은 때때로, 평탄하고,

훌륭하기로 잘 알려진 길들을 만나면,
적갈색 군마들을 달리게 하여
경주에 돌입했도다. 때로는 왕의 신하 중,
웅변술을 자랑하고, 시가에 뛰어난 한 사람,
아주 많은 옛 영웅담들을 기억하고 있는
시인이 낱말들을 올바르게 연결시켜
새 이야기를 지어냈도다. 그는 능숙하게
베오울프의 승전과 공적들을 언급하면서,
솜씨 있게 말을 바꿔가며 적절한 이야길
읊기 시작했도다. 그는 지그문트[58]의
용맹한 업적들에 관해서 들었던 모든 것,
알려지지 않은 많은 것들에 대해 말했나니,
휘텔리[59] 외에는 아무[60]도 전혀 몰랐던
웰즈[61]의 아들의 전투와 숱한 모험들,
서로에게 필요한 전우로서 전투마다

---

[58] 874b~900행 : 지그문트(Sigemund) 삽화. 지그문트에 관한 수많은 전설이 중세 유럽의 게르만족들 사이에 널리 퍼져 있었다. 그러나 지그문트가 용과 싸운 이야기는 『베오울프』에서만 발견된다.

[59] 휘텔리(Fitela) : 지그문트의 조카. 휘텔리가 지그문트의 아들이라는 설도 있다.

[60] '아무' : 원문에는 '인간의 자손들'(children of men)로 되어 있다.

[61] 웰즈(Waels) : 지그문트의 아버지.

항상 함께했으므로, 삼촌이 조카에게
말하고 싶을 때마다 이야기했었던,
불화들과 악행들에 대해 읊었던 것이라.
그들은 아주 많은 거인 종족들을
칼로 무찔렀도다. 지그문트 사후에
크나큰 영광이 그에게 돌아갔으니,
용감한 그가 전투에서, 보물 지킴이 용을
죽였기 때문이라. 군주의 아들인 그는
회색 바위 아래서 홀로 대담한 행동을
감행했나니, 휘텔라도 곁에 없었도다.
그럼에도 일이 잘되어, 그의 칼,
그 고귀한 칼은 엄청난 용을 관통하여
벽에 가서 꽂혔고, 그 때문에 용은 죽었도다.
그 용사는 용감무쌍한 행동으로써
보고(寶庫)를 제 뜻대로 쓸 수 있게
되었음에, 보트에 짐을 실었나니,
그 웰즈의 아들은 반짝이는 보물을
배로 운반했고, 용은 제 열기에 녹았도다.

용사들의 보호자인 그는 용감한 행위로
열방의 나라들 가운데 가장 잘 알려진
모험가가 되었고, 이로 말미암아, 헤레모드[62]의

용맹함이 쇠하고 힘과 용기가 사라진 후,
일찍이 번영했도다. 헤레모드는 쥬트인들에게
배반을 당해 적들의 수중에 넘겨진 후
곧 처형당했도다. 밀려드는 슬픔이
그를 너무 오래 괴롭혔고, 그는 자기 백성,
모든 귀인에게 큰 걱정거리가 되었도다.
또한, 일찍이 그에게 재앙에서의 구조를
기대했었던 많은 현자는 종종
그 강인한 자의 운명[63]을 슬퍼했나니,
그 군주의 아들이 잘 성장하여
부친의 지위를 잇고, 백성, 보물과 요새,
영웅들의 왕국, 고국 덴마크를 수호해주기
바랐던 탓이로다. 히엘락의 친족 베오울프는
이렇게 모든 사람과 벗들에게 더욱 소중한
존재가 된 반면, 그는 범죄에 사로잡혔도다.

---

62 헤레모드(Heremod) : 덴마크의 왕. 한때 강력하고, 용감하고, 동료들 사이에서 뛰어나 찬란한 미래가 촉망되던 영웅이었으나 훗날 잔인하고, 인색하고, 악한 통치자로 변하여 백성들의 근심거리로 전락하자 강제로 덴마크를 떠나야 했다. 그 후 그는 덴마크의 숙적인 쥬트족(Jutes) 사이에서 피신했으나 결국 적에게 배반당해 죽임당함으로써 비참한 최후를 맞이했다. 헤레모드에 관해서는 1709~1722행에서 다시 반복된다.

63 또는 '여정.' 헤레모드의 형제(아우)가 왕이 되었을 때 그가 망명길에 올랐던 사실을 암시한다.

종종 그들은 마상에서 경주를 하며
담황색 모랫길을 지나갔는데, 그때 태양이
떠올랐고, 날이 신속히 밝았도다. 많은
용감한 무사들은 놀라운 광경을 보고자
높다란 홀로 갔으며, 보물의 수호자요,
고명하고, 훌륭한 인품으로 잘 알려진
왕 자신도 많은 수행원의 무리와 함께
왕후의 처소에서 나와서, 시녀들을 거느린
왕후를 동반하고, 주연 회관을 향해 나갔도다.

14 흐로드가르의 칭송과 베오울프의 화답(925~990)

흐로드가르는 회관에 도착하자,
계단에 서서, 금으로 빛나는 높은 지붕과
그렌델의 손을 보며 말했도다 :
“무엇보다 먼저, 이 광경을 허락하신
전능자께 감사할 지어다! 짐은 그렌델로 인해
숱한 고통을 겪었으되, 하늘의 수호자이신
하나님께서 항상 기적에 기적을 베푸시도다.

가장 훌륭한 이 회관이 피로 물든 채
서 있었던 얼마 전까지만 해도, 짐은
생전에 재앙으로부터 구조되는 것을
보리라곤 전혀 기대하지 못했노라.
이 재앙은 모든 현자에게 두루 미쳤나니,
그들은 백성의 성채를 적들과 악마들과
악령들로부터 수호할 수 있으리라고
전혀 기대하지 못했도다. 이제 한 용사가,
주님의 도움으로, 우리 모두가 이전에
우리 역량으로는 생각할 수도 없었던
일을 성취했도다. 볼 지어다, 어느 여인이
이 세상에 그와 같은 아들을 낳았든지,
그 여인이 아직 살아있다면, 그녀는
예부터 계신 하나님께서 해산 때 자신에게
은총을 베푸셨다 하리로다. 베오울프여,
이제, 짐은 세상에서 가장 훌륭한 그대를
마음속으로 아들처럼 사랑하리니, 새 우정을
잘 간직하시오. 짐이 가진 세상의 모든
좋은 것들을 아낌없이 그대에게 줄 것이오.
짐은 자주 이보다 더 사소한 업적도 보상했고,
더 보잘것없고, 나약한 전사들도 선물로써

명예롭게 했소. 그대는 몸소 이룬 업적으로
그대의 영광이 영원토록 지속되게 했다오.
전능하신 하나님께서 지금까지 그러하셨듯
좋은 것으로 그대에게 보상하실 지어다!"
　에찌데오우의 아들, 베오울프는 말했도다:
"우리는, 큰 은혜로써, 저 용감한 과업인
전투를 수행했고, 불가사의한 원수의 힘에
담대히 맞섰나이다. 소생이 바라옵기는,
화려하게 치장한 채 죽어 간 그 원수를
전하께서 친히 보셨으면 했나이다!
저는 재빨리 그를 손아귀로 꽉 잡아서
죽음의 침상에 묶어놓을 작정이었나이다.
그가 제 손아귀를 빠져나갈 수 없는 한
살려고 버둥거리며 죽어가도록 말입니다.
그러나 하나님이 원치 않으셨기에, 제게서
달아나는 그를 막을 수도, 그 무서운 적을
충분히 세게 잡을 수도 없었나이다. 그는
괴력을 다해 달아났나이다. 하오나 목숨을
구하고자 손과 팔과 어깨를 남겨 두고
가버렸나이다. 그럼에도 그 비참한 자는
그때 아무 위안을 얻지 못했을뿐더러,

죄에 시달린 그 역겨운 약탈자는 더 이상
살 수 없게 되었으니, 엄청난 고통이
치명적인 차꼬인양 사악한 힘으로 그를
옥죄었던 탓이옵니다. 죄로 물든 그자는
이제 영광스러운 하나님께서 명하실
준엄한 심판을 기다려야 할 것이옵니다."
　귀족들이 용사의 강력한 힘에 의해
높다란 천장에 매달린 그 괴물의
손과 손가락들을 쳐다본 후로는,
에찔라프의 아들[64]은 무용담을 늘어놓던
입을 다물었도다. 저 이교도 용사의
손가락 끝에 튀어나온 견고한 손톱,
박차 모양의 손톱은 모두 강철 같고,
혐오스럽고 기괴했도다. 모두가 말하길,
제아무리 단단하고 오래된 훌륭한 칼도
그를 베지 못하며, 그 괴물의 피투성이
격투의 주먹을 해하지 못하리라 하였도다.

---

64 운훼르드.

15 헤오로트 회관의 축하연(991~1049)

그때 헤오로트 회관 내부를 손으로
재빨리 장식하라는 명령이 떨어졌고, 많은
남녀가 모여들어 주연 회관을 영빈관으로
꾸몄도다. 벽면을 따라 드리운 금장식의
태피스트리는 반짝였고, 놀라운 장면들이
보는 이들 모두의 시선을 끌고 있었도다.[65]
모든 내부를 쇠사슬로 단단히 고정시킨
그 빛나는 건물은 매우 심하게 파괴되었고,
돌쩌귀들도 부서졌도다. 악행으로 더럽혀진
그 괴물이 절망 상태로 도주하였을 때,
오로지 지붕만이 파손되지 않고 온전히
남았도다. 죽음을 피하는 것은 쉬운 일이
아니니 - 피하고자 하는 자는 해보라지 -
영혼을 가진 자들, 인간의 후손들,
이 땅의 거주자들은 필연적으로
예정된 장소로 가야 하며, 거기서 육체는,

---

65 앵글로색슨(Anglo-Saxon) 귀족들은 자신들의 홀을 태피스트리로 장식했는데, 그중에는 정말 뛰어난 솜씨로 만들어진 것들도 있다.

축제가 끝난 후 죽음의 침상에서 깊이
잠들게 되느니라.
그러자 헤알프데인의 아들이
회관으로 가야 할 적절한 시간이 되었도다.
왕도 친히 그 주연에 참석하고 싶었던 것이라.
그토록 큰 무리가 보물 하사자 주위에서 이보다
더 고상하게 행동한 것에 대해 들어본 적 없도다.
이제 그 영광스러운 사람들은 좌석에 앉아
축제를 즐겼나니, 그들의 강인한 친족인
흐로드가르와 흐로둘프[66]도 높은 주연 홀에서
연거푸 주어지는 많은 술잔을 유쾌하게
받아 마셨도다. 헤오로트 회관 내부는
벗들로 가득 찼고, 그때까지 덴마크 백성은
배신행위 따위는 저지르지 않았도다.[67]
그때 헤알프데인의 아들은 베오울프에게
승전에 대한 보답으로 장식된 군기(軍旗)인
황금기와 투구와 흉부 갑옷을 하사했으며,

---

66 흐로둘프(Hrothulf) : 흐로드가르 왕의 동생인 할가(Halga)의 아들이자 흐로드가르의 조카. 흐로둘프는 흐로드가르가 죽은 후, 왕위 계승자인 그의 아들, 흐레드릭(Hrethric)을 쫓아내고 왕위를 찬탈한다.

67 흐로둘프가 저지른 훗날의 배신행위를 암시하는 구절이다.

많은 이들은 유명하고 귀중한 검이 그 영웅에게
전달되는 것을 보았도다. 베오울프는 홀에서
술잔을 받아 마셨으며, 용사들 앞에서
보물 받는 것을 부끄러워할 필요가 없었도다.
나는 이제껏, 술좌석에서 이보다 더 친절하게
금장식을 한 네 개의 소중한 보물을 남에게 준
사람들에 대해 많이 들어보지 못했도다.
투구 꼭대기를 둘러싼, 철사로 엮어 만든
테두리는 외부로부터 머리를 보호하므로,
그 용사가 무서운 적과 싸우러 나가야 할 때
쇠줄로 갈아 만든 어떤 검도 전투의 폭풍 속에서
그를 심하게 다치게 할 수 없었도다.
그런 다음 용사들의 수호자는 판금(板金) 굴레를 단
말 여덟 마리를 경내로 끌고 와 회관 안으로
몰고 오도록 명령했도다. 그중 한 마리에는
정교하게 꾸민, 보석 장식의 안장이 놓였나니
그것은 헤알프데인의 아들인 고귀한 왕이
검투에 참가할 때 앉았던 전투석이었도다.
전사자들이 쓰러질 때조차 선두를 지킨,
명성 높은 왕의 용기는 꺾이지 않았도다.
그리고 잉그의 친구들[68]의 수호자[69]는

말과 무기들을 모두 베오울프에게 하사했고,
그것들을 잘 사용하도록 당부하였도다.
그 영광스런 군주, 용사들의 보물 수호자는
그토록 관대하게 말과 보물로써 격전에
보답했나니, 진실을 바르게 말하려는 자는
그 누구도 그들의 흠을 잡지 못할 것이라.

16 헤오로트 축하연 〈계속〉; 휜 삽화(1050~1124)

또한 백성의 군주는, 베오울프와 함께
위험한 항해를 감행했던, 주연석에 앉은
용사들 각자에게 일일이 보물과 가보를
주었으며, 이전에 그렌델이 사악하게
죽인 자들에게는 금으로 보상하도록
명했도다 – 현명하신 하나님과 베오울프의 용기가
그 운명을 막아내지 못했더라면, 그렌델이
더 많은 사람을 죽였을 것이기에. 지금처럼

---

68 잉그(Ing) : 덴마크의 전설적인 왕이며, 그의 친구들이란 덴마크 백성들을 뜻한다.

69 흐로드가르.

그때도 하나님은 모든 인류를 통치하셨도다.
그러므로 분별력과 마음의 예지력은 어디서나
가장 으뜸이라. 이와 같은 투쟁의 시대에
세상에서 오랫동안 삶을 누리고자 하는 자는
기쁨과 슬픔을 모두 겪게 될 것이니라.
　헤알프데인의 군대 지휘관[70] 앞에서
노래와 음악이 함께 울려 퍼졌으며,
목제 하프도 연주했고, 무용담도 읊었도다.
주연석의 분위기가 무르익어갈 바로 그때
흐로드가르의 시인이 즐거운 이야기를 했나니,
갑작스러운 공격을 당했던 휜의 아들들에 관한
이야기[71]이었더라. 덴마크 백성의 영웅 흐네프는

---

70 헤알프데인의 군대 지휘관(battle-leader) : 흐로드가르를 지칭한다.

71 1069~1159행 : '휜 삽화'(The Finn Episode). 덴마크 왕 흐네프(Hnaef)의 여동생 힐데부르그(Hildeburh)는 프리지아(Frisia 또는 프리슬란트 Friesland 라고도 불렸음)의 왕 휜(Finn)에게 시집갔다. 이 결혼은 양국의 관계 개선을 위한 정략결혼이었으나, 실제로는 효력이 없었다. 어느 날 흐네프가 신하들을 거느리고 프리지아의 휜스부르그(Finnsburg)를 방문했을 때, 두 민족 사이에 전투가 벌어지게 되었고, 이 전투에서 흐네프와 그의 조카(휜과 힐데부르그 사이에서 태어난 아들)가 살해되었다. 양국은 그 후에도 교전을 계속했으나, 마침내 덴마크의 새 후계자인 헹게스트(Hengest)와 휜 사이에 휴전이 선포됨으로써 전쟁이 끝났다. 여기서 '프리지아인들'과 '쥬트인들'이 동의어처럼 사용되고 있는데, 이는 두 민족이 매우 가깝게 연결되어 있음을 보여준다. 이 이야기는

프리지아 전장에서 죽음을 맞이하게 되었도다.
　진실로 힐데부르그는 쥬트인들의 충절을
찬양할 필요가 없었나니, 그녀는 아무 죄 없이
전투에서 사랑하는 아들과 오빠를 잃었던
것이라. 그들은 창에 찔려 상처 입고 죽을
운명이었으니, 그녀야말로 슬픈 여인이 아니던가!
아침이 되고 날이 밝아와, 하늘 아래에서,
이전에는 세상의 즐거움을 누렸던 곳에서,
살해된 친족들을 목격하게 되었을 때,
호크[72]의 딸은 이유 없이 운명의 심판을
애도한 것이 아니었도다. 전쟁은 휜의 신하들을
겨우 몇 명 남기고 모조리 앗아갔기에,
그는 전장에서 헹게스트에 맞서 전투를
끝까지 지속해 갈 수도 없었고, 생존자들을
헹게스트로부터 지켜낼 수도 없었도다.
그래서 쥬트인들은 평화협정을 제의했나니,
그들은 덴마크인들을 위해 다른 홀을 깨끗이 비워,
그 홀과 왕좌를 덴마크인들과 쥬트 자손들이

또 다른 고대 영시인 “휜스부르그 전투”(The Fight at Finnsburg)에서 상세히 묘사된다.

72 호크(Hoc) : 힐데부르그의 아버지.

절반씩 공동으로 소유하도록 할 것이고,
홀크왈드[73]의 아들이 보물을 나눠줄 때는
그때마다 덴마크인들을 예우할 것인즉,
그가 주연 홀에서 프리지아인들의
사기를 높이고자 하사한 것과 같은
금장식의 보물을 헹게스트의 군대에게도
동일하게 주어야 한다는 것이었도다.
이로써 양측 간에 확고한 평화조약이
체결되었도다. 휜은 헹게스트에게
확고한 용기와 맹세로써 선포하였나니,
그는 현자들의 판단에 따라 재난의 생존자들을
영예롭게 대우할 것이고, 어느 누구도
말이나 행동으로 조약을 깨지 못할 것이며,
덴마크인들이 군주를 잃고, 불가피한 상황에서
그들의 보물 하사자의 살해자를 따른다 할지라도
악의적인 불만을 토로하지 못할 것이라.
만약 프리지아인 누군가가 도발적 언사로써
그 살벌했던 반목을 다시금 상기시킨다면,
그 문제는 칼날로써 해결되어야 할 것이라.

73 홀크왈드(Folcwald) : 휜의 아버지.

화장용 장작더미가 쌓였고, 빛나는 금이
보고에서 꺼내졌으며, 덴마크 용사 중 최고인
흐네프를 장작더미에 올릴 준비가 끝났도다.
화장용 더미 위에 놓인 피 묻은 갑옷들, 투구 위의
순금 수퇘지 형상[74], 쇠처럼 단단한 수퇘지,
상처로 죽은 많은 귀족이 쉽사리 눈에 띄었나니,
참으로 많은 사람이 전장에서 죽어갔도다.
그때 힐데부르그는 명령을 내려, 자신의 아들을
흐네프의 화장 더미, 그 화염에 맡기도록 했나니,
그의 몸을 불태우되, 화염 속에서 삼촌 곁에
나란히 눕도록 했도다. 그 여인은 애통하며,
비가를 불렀고, 그 용사[75]는 높이 올려졌도다.
화장의 거대한 불길이 선회하며 하늘로 치솟더니,
봉분(封墳) 앞에서 굉음을 냈도다. 머리는 녹았고,
몸에 난 깊은 상처, 그 벌어진 상처가 터지자
피가 솟구쳤도다. 가장 탐욕스런 악마, 화염은
전쟁이 두 민족으로부터 빼앗아간 사람들을
모조리 삼켰나니, 그들의 영광은 사라졌도다.

---

[74] 303~305행 참조.
[75] 힐데부르그의 아들.

17 흰 삽화 〈계속〉(1125~1191)

동료를 잃은 용사들은 거처를 찾아서,
집과 성채를 향해 프리슬란트 전역으로
흩어졌도다. 그러나 헹게스트는 거기 남아
휜과 함께 살육으로 얼룩진 겨울 동안
매우 불행하게 보냈고, 뱃머리에 고리 달린
배를 타고 바다로 나아갈 수는 없었지만
고국을 생각했도다. 바다는 풍랑으로 요동쳤고,
바람과도 싸웠나니, 지금도 여전히 그러하듯,
또 다른 해가 그들의 주거지에 찾아와,
어김없이 계절을 따르는 화창하게 밝은 날씨가
비춰오기까지, 겨우내 파도는 얼음 족쇄에
묶여 있었도다. 마침내 겨울이 가고, 대지는
아름다워졌으며, 그 땅의 방문객인 그 국외자는
떠나기를 갈망했지만, 만약 그가 싸움을 벌여,
쥬트인의 아들들을 마음속에 품고 있었음을
칼로써 보여줄 수만 있다면, 고국행 항해보다는
오히려 피해에 대한 복수를 하려고 생각했도다.
그래서 훈라핑[76]이 가장 훌륭한 검인
전쟁-광채[77]를 헹게스트의 무릎에 놓았을 때,

그는 세상의 도리[78]를 거절하지 않았나니,
그 예리한 칼날은 쥬트인들에게 잘 알려졌도다.
구들라프와 오슬라프[79]가 항해에서 돌아와,
그들에게 닥친 끔찍한 공격과 슬픔에 대해 불평하고,
그들이 겪었던 재앙에 대해 비난했을 때,
이번에는 담대한 횐이 참혹하게도 자기 집에서
칼에 맞아 죽었도다. 들끓는 격동은 가슴 속에
담아둘 수 없는 법. 이리하여 홀은 적들의 피로
붉게 물들었고, 횐 왕은 자기 진중(陣中)에서
살해되었으며, 왕비는 사로잡혔도다.
덴마크 용사들은 그 나라 왕이 소유한
모든 가산(家産)들, 횐의 거처에서
찾을 수 있는 진귀한 보석들과 패물들을

---

76 훈라핑(Hunlafing) : 훈라프(Hunlaf)의 아들로서, 전사한 부친에 대한 복수를 요청하는 뜻에서 부친의 칼을 헹게스트의 무릎 위에 놓았다. 인명 뒤에 붙는 '~ing'은 '~의 자손'을 뜻한다.

77 '전쟁 - 광채'(battle-light) : 훈라프의 칼을 묘사하는 케닝의 예. 유명한 칼에는 가끔 고유한 명칭이 붙기도 했다. 예) 베오울프의 네일링(Naegling), 운훼르드의 흐룬팅(Hrunting).

78 '세상의 도리' : 친족의 죽음을 복수하기 위한 싸움을 말하며, 여기서는 헹게스트와 횐과의 결투를 뜻한다.

79 구들라프(Guthlaf)와 오슬라프(Oslaf) : 훈라프의 형제들로서, 그들 역시 헹게스트에게 쥬트인들의 반역 행위를 상기시켰다.

배로 가져갔도다. 그들은 그 고귀한 여인[80]을
바다 건너 덴마크로 데려가, 그녀의 백성에게
인도했도다.
음유시인의 이야기, 즉 그의 노래는
끝이 났도다. 기쁨의 함성은 다시 치솟았으며,
주연석은 시끌벅적했고, 술 시중꾼은 멋진 그릇에서
포도주를 따랐도다. 그때 웨알데오우가 금관을 쓰고
나와 선량한 두 사람, 삼촌과 조카[81]가 앉은 곳으로
걸어갔도다. 그때만 해도 둘은 사이가 좋았고,
서로를 신뢰했도다. 또한, 대변인 운훼르드도
덴마크 군주의 발밑에 앉았나니, 비록 그가 검투에서
친족에게 무자비하긴 했지만, 모두가 그의 기백과
큰 용기를 신뢰했도다. 그때 덴마크 왕후는 말했도다:
"저의 존귀한 군주요, 보물을 하사하는 분이시여,
이 잔을 받으시옵소서! 용사들의 군주시여
행복하소서. 그리고 인간의 도리를 지켜
예이츠인들에게 자애롭게 말씀하소서!
예이츠인들에게 은혜를 베푸시고, 원근 각처에서

[80] 힐데부르그.
[81] 웨알데오우의 남편인 흐로드가르와 조카 흐로둘프.

거둬들여 갖고 계시는 선물들을 기억하소서.
사람들이 말하길, 폐하께서 그 용사를 아들로
삼고자 하신다더군요. 빛나는 보물 회관인
헤오로트는 정화되었으니, 할 수 있을 때
많은 보상을 즐기시고, 운명의 섭리 따라
떠나야 할 때, 폐하의 친족에게 백성과
나라를 물려주소서. 덴마크인들의 친구인
폐하께옵서 만약 흐로둘프보다 먼저
세상을 떠나신다면, 자애로운 흐로둘프가
젊은 왕자들을 예우해 줄 것으로 아옵니다.
또한, 이전에 그가 어린아이였을 때,
그의 기쁨과 명예를 위해 우리 내외가 베풀었던
그 모든 호의를 기억한다면, 우리에게 진 신세를
우리 자식들에게 선으로 갚으리라 생각하옵니다."
이제 왕후는 아들들인 흐레드릭과 흐로드문드[82]가
용사들의 아들들과 더불어 젊은이들이 함께
앉아 있는 자리로 돌아갔도다. 거기에 훌륭한 용사,
예이츠인 베오울프도 두 형제 곁에 앉아 있었도다.

---

82 흐로드문드(Hrothmund) : 흐로드가르의 아들이며 흐레드릭의 동생.

18 헤오로트에 체류하는 용사들(1192~1250)

그에게 가득 찬 술잔이 건네졌고, 우정 어린
친절한 말들이 오갔으며, 꼬아 만든 금붙이들이
선의와 더불어 전달되었나니, 두 개의 팔찌,
갑옷과 반지들, 그리고 내가 이제껏 지상에서
들어본 것 중 가장 큰 목걸이가 그것들이라.
하마[83]가 브로징의 목걸이, 보석 박아 잘 꾸민
그 물건을 자신의 빛나는 성으로 훔쳐간 이래,
나는 하늘 아래 더 훌륭한 영웅들의 보고에 대해
일찍이 들어본 적 없노라. 그는 에오르멘릭의
교활한 증오를 피해, 영원한 도움을 택했도다.[84]
스웨르팅[85]의 조카인 에이츠인 히엘락은
자신의 최후 출정 때 그 목걸이를 했나니,[86]

---

83 하마(Hama) : 에오르멘릭(Eormenric) 왕의 유명한 목걸이를 훔친 사람. 이 목걸이는 고대 아이슬란드(Iceland) 신화에 나오는 전설적인 목걸이로서, 원래 브로징 형제들(the Brosings)이 프레이야(Freyja) 여신에게 만들어 바친 것인데, 후에 반역적인 폭군인 에오르멘릭의 수중에 들어간 것으로 알려진다.

84 '영원한 도움을 택했다'는 표현은, 하마가 선량한 기독교 신자가 되었음을 암시한다.

85 스웨르팅(Swerting) : 히엘락의 삼촌. 또는 그의 할아버지로 해석되기도 한다.

그때 그는 군기 아래서 보물들을 지켰고,
전리품을 방어했지만, 그의 자만심 때문에
프리슬란트인들과 반목과 불화를 자초했을 때
운명이 그를 휩쓸어 갔도다. 강한 군주인 그는
귀중한 보석으로 장식된 무장을 갖추고서
바다를 건너가, 제 방패 밑에 쓰러졌도다.
그래서 왕의 시신, 흉부 갑옷, 그 목걸이는
모두 프랑크인들의 수중에 들어갔으며,
대학살이 멈춘 후 하급 병사들은 전쟁에서
살해된 자들을 약탈했나니, 예이츠인들의 시체가
전장을 뒤덮었도다. 홀은 박수갈채로 요란했고,
웨알데오우는 군중이 보는 앞에서 말했도다.
"친애하는 젊은이, 베오울프여, 행운과 함께
이 목걸이를 기쁘게 받으시고, 백성의 보물인
이 갑옷을 착용해 주시오. 그리고 번영하시며
그대의 힘을 드러내소서. 또한, 이 두 소년을
친절히 지도해 주시오! 그 은혜는 꼭 보답하리다.
그대는 대업을 이루셨나니, 마치 바람의 집인

---

86 베오울프는 후에 그 목걸이를 히엘락의 왕후인 히이드(Hygd)에게 주게 된다. 히엘락은 라인강 어귀 근처인 프랑크 지역에서 전투를 하는 동안 그 목걸이를 하고 있었는데, 거기서 목숨과 목걸이를 모두 잃게 되었다.

바다가 해안 절벽들을 두루 감싸듯, 널리
원근 각처에서 모든 사람이 그대를 영원히
칭송할 것이오. 군주시여, 천수를 다하기까지
번영하시길 비나이다! 그대에게 재물이
넘치기를 축수하오. 축복받은 분이시여,
제 아들에게 친절하게 대해 주시오!
여기서는 모든 귀족이 서로에게 진실하고,
마음이 따뜻하며, 군주에게 충성을 바친다오.
가신들은 하나가 되었고, 백성은 준비되었나니,
취기로 붉어진 신하들은 내 명령대로 따른다오."
  이제 그녀는 자리로 돌아갔도다. 최고의 주연이
벌어졌고, 사람들은 포도주를 마셨나니,
그날 밤이 되어 막강한 흐로드가르 왕이
침소에 들고 난 후, 많은 용사에게 닥쳐온
그 무자비한 운명에 대해서 그들은 전혀
알 수 없었던 것이었도다. 수많은 용사는
이전에 종종 그랬듯, 회관을 지키고 있었도다.
긴 의자들은 치워졌고, 그 자리에 침구와 베개를
깔았도다. 그들 중 한 명은 회관 침상에 누웠나니,
그는 죽을 각오가 되었고, 또 죽을 운명이었도다.
그들은 머리맡에 전투용 방패들인 빛나는

목제 방패들을 놓았고, 각 용사의 위쪽에 놓인
의자에는 우뚝 솟은 전투 투구, 고리로 엮은
쇠미늘 갑옷, 거대한 목제 창이 놓인 것이
쉽사리 눈에 띄었도다. 집에 있을 때나
군대에 있을 때나, 어느 곳에 있든지,
그들의 군주가 필요로 할 때는 언제라도
항상 전투태세를 갖추는 것이 그들의
관습이었나니, 그들은 훌륭한 백성이었도다.

19 그렌델 어미의 습격(1251~1320)

그들은 잠이 들었도다. 그들 중 한 사람은
저녁 휴식의 대가를 혹독히 치렀나니, 그렌델이
황금홀을 점령하여 악행을 저지를 때로부터
죄로 죽어 종말을 맞기까지, 이런 일은 그들에게
빈번히 발생했던 것이었도다. 가혹한 전투가 끝나고
악독한 그가 죽은 후에도 한 복수 자가 여전히
오랫동안 살아있다는 것이 사람들 사이에
명백해지고 널리 알려졌도다. 그렌델의 어미,
그 암컷, 암괴물은 제 불행을 잊지 않았으며,

가인이 제 아버지의 아들인 유일한 형제를
칼로 죽인 후, 그 괴물[87]은 소름끼치는 물속,
차디찬 개울에 살아야 했고, 가인은 살인자로
낙인찍힌 무법자가 되어, 삶의 기쁨을 피해
황야로 도망쳤도다. 가인으로부터 많은 저주받은
악령들이 나왔나니, 그렌델은 그들 중 하나였고,
이 증오에 찬 저주받은 추방자는, 헤오로트에서
자지 않고 전투를 기다리던 한 사람을 보았으며,
그 괴물은 거기서 그를 꽉 움켜잡았도다.
그러나 베오울프는 자기 자신의 강한 힘과
하나님께서 넘치도록 주신 선물들[88]을 기억했고,
주님께서 은혜를 베푸시며, 위로와 도움을
주실 것을 믿었도다. 그 때문에 그는 적을 이기고,
지옥의 악마를 때려눕혔도다. 그러자 인류의 적인
그는 기쁨을 잃고 비참하게 되어 죽을 자리를
찾아 떠났도다. 이제 그의 어미가 여전히

---

87 그 괴물은 그렌델의 어미를 말하며, 그렌델의 어미는 가인의 후예를 상징하는 존재로 묘사된다. 1266~1276행에서는 이미 앞에서 언급된 베오울프와 그렌델의 싸움에 대해 간략히 요약하고 있으며, 이어서 1320행까지 베오울프와 그렌델의 어미의 싸움이 서술된다.

88 이 선물들은 천부적으로 타고난 재능들을 일컫는다.

탐욕스럽고 슬픔에 잠긴 채 아들의 죽음을
복수하고자 고통스러운 여정에 올랐도다.
　그리하여 그렌델의 어미는 헤오로트에 왔고,
회관 안에서는 덴마크인들이 자고 있었는데,
그렌델의 어미가 회관 안으로 들어오는 즉시
용사들의 처지가 뒤바뀌었도다. 그녀의 공격은
여성의 힘이 남성보다 약한 만큼만 약했나니,
금고리로 장식되고, 망치로 벼려 만든 검,
피로 얼룩진 검의 날카로운 칼끝으로
상대방 투구 위의 수퇘지 형상을 자를 때의
여성 전투력이 무장한 남성 힘보다 약한 만큼이라.
그때 회관의 용사들은 의자 위에 놓여 있던
예리한 칼을 뽑아들었고, 많은 널찍한 방패들을
손으로 들어 올렸지만, 공포가 엄습했을 때
투구와 넓은 갑옷은 생각조차 하지 못했도다.
그녀는 발견되는 순간, 제 목숨을 구하고자
서둘러 그곳에서 빠져나가려고 했으며,
그래서 재빨리 귀인 중 한 명을 손아귀로
단단히 붙잡고서, 늪지대를 향해 갔도다.
그는 두 바다 사이에 존재하는 가신 계급 중
호로드가르가 가장 총애하는 용사로서,

힘센 용사였으나, 이 영광스러운 자는 잠자던 중
그녀에게 살해당했도다. 베오울프는 거기 없었나니,
보물을 하사받은 후 그 탁월한 예이츠인에게는
벌써 다른 숙소가 배정되었기 때문이라.
헤오로트에는 소동이 일어났고, 그녀는 피 묻은
유명한 손[89]을 가져갔나니, 그 거주지에는
다시금 슬픔이 되살아났도다. 양쪽 모두
친구들의 목숨으로 지불해야 하는 그 거래는
좋은 것이 아니었도다!
그의 최고 가신이자,
가장 총애하는 동지가 살아 있지 않고,
죽었다는 소식을 접했을 때, 고령의 왕이신
백발의 용사는 마음이 아팠도다.
승전의 용사 베오울프는 즉시
왕의 침소로 호출되었도다. 새벽이 되자
그 고귀한 용사는 동료 용사들과 함께
현명한 왕이 기다리고 있는 곳으로 갔고,
왕은 전능하신 주님께서 불행한 소식 후
호전의 기회를 주실지 알고 싶어 하였도다.

89 그렌델의 손.

그러자 전쟁에 탁월한 그는 동지들과 함께
회관의 목재가 울리도록 마루를 따라 걸어가,
잉그의 친구들의 군주인 현명한 분께
인사말을 건네고, 소망대로 간밤에
편히 쉬었는지 안부를 여쭈었도다.

20 에쉬헤레의 죽음을 슬퍼하는 흐로드가르(1321~1382)

덴마크 백성의 수호자, 흐로드가르는 말했도다:
"행복에 관해서는 묻지 마시오! 덴마크 백성에게
다시 슬픔이 찾아왔소. 에쉬헤레[90]는 죽었소.
그는 이르멘라프의 형이었고, 나와는
흉금을 터놓던 벗이요, 진정한 멘토이며,
어깨를 맞대고 싸운 동지로서, 전투에서
보병들이 부딪쳐 투구 위 수퇘지 형상을 칠 때
함께 우리 머리를 보호했었소. 용사라면 마땅히

[90] 에쉬헤레(Aeschere) : 1306~1307행에서 언급된, 흐로드가르의 최고 가신이자 가장 총애하는 동지로서, 이르멘라프(Yrmenlaf)의 형.

예로부터 훌륭한 귀인, 에쉬헤레 같아야 하오!
그 떠돌이 살인마는 헤오로트에 나타나
손으로 그를 죽였소. 그 끔찍한 괴물이
먹잇감에 만족해하고 매우 기뻐하며 어느 길로
돌아갔는지 나는 모르오. 그렌델이 너무 오래
내 백성을 파멸시켜 없애버렸기 때문에
어젯밤 그대가 강한 악력으로 격렬하게
그렌델을 죽인 것에 대해 그 괴물이
복수한 거요. 그렌델은 격투에서 쓰러져
목숨을 잃었지만, 이제 또 다른 힘센 악한이
나타나 제 혈육의 죽음에 대해 복수하려 했고,
그래서 그 적대 행위를 복수하기에 이른 것이요.
이는 그들의 보물 하사자인 에쉬헤레의 죽음을
마음 깊이 애도하는 많은 가신에게는
엄혹한 슬픔이라오. 그대들의 모든 소원을
잘 들어 주었던 손은 이제 생기를 잃었소.
"이 땅의 거주민들, 내 백성, 그리고
회관의 고문관들이 말하는 것을 듣자하니,
그들은 거대한 두 방랑자, 낯선 약탈자가
경계 지역의 황무지를 어슬렁거리는 것을
보았다고 하오. 그들이 가장 확실히

분간하는 바에 의하면, 그들 중 하나는
여자 모양을 하고 있고, 다른 비참한 자는
남자 모양을 하고 추방자의 길을 걸었다는데,
단지 다른 어떤 사람보다도 컸다는 것이오.
예부터 이 땅의 거주자들은 그를 그렌델이라
불렀으나, 그들은 그의 아비가 누구인지도,
불가사의한 악령 중 누가 이들보다 먼저
태어났는지도 모른다오. 그들은 은밀한 땅,
늑대들의 은신처, 바람 센 해안 곶,
늪을 가로지르는 위험한 길에 사는데,
거기서는 산개울이 어두운 곶 아래로 떨어져
땅속으로 스며든다오. 여기서 몇 마일
떨어지지 않은 곳에 호수가 있고,
서리 낀 숲들과 뿌리 깊은 나무들이
호수의 수면 위로 드리워져 있소.
거기서 밤마다 으스스한 광경이 벌어졌나니,
수면에서 불이 타올랐소. 인자 중 아무도
바닥의 깊이를 알 만큼 현명하지 못하오.
황야를 누비던, 뿔이 단단한 수사슴이 멀리서
사냥개들에 쫓겨 숲으로 도망쳐 온다 해도,
그 사슴은 호수에 뛰어들어 목숨을 건지기보다

차라리 강둑에서 사냥개들과 맞서 싸우다
죽으려 할 거요. 그곳은 안전한 곳이 아니라오!
바람이 불어와 사나운 폭풍우가
휘몰아칠 때면, 요동치는 검은 파도는
구름까지 치솟아, 마침내 하늘은 컴컴해지고
눈물을 떨어뜨리오. 이제 또다시 도움은
오직 그대에게 달렸소. 그대는 아직 그 지역,
죄로 물든 그 짐승을 찾을 수 있는 위험한 곳이
어딘지 알지 못하오. 용감하다면 찾아보시오!
그대가 무사히 귀환한다면, 나는 이전에 그랬듯,
아낌없는 재물과 금으로 엮어 만든 옛 보물들로
그대의 전투에 대한 보상을 할 것이오."

21 그렌델의 은신처로 가는 베오울프(1383~1472)

에찌데오우의 아들, 베오울프는 말했도다:
"현명하신 이여, 슬퍼하지 마소서! 슬픔에 잠기기보다
친구의 원수를 갚는 것이 더 나은 법이옵니다.
이 세상에서 살아가는 우리 모두는 생의 종말을
맞이해야 하나니, 누구든지 할 수만 있다면

죽기 전에 영광을 얻을 지어다. 용사의 사후에는
이것이 그에게 가장 바람직한 것이옵니다.
왕국의 수호자시여 일어나소서. 지금 즉시
그렌델 혈족의 발자국을 살펴보러 가십시다.
전하께 단언하옵건대, 그녀는 땅속이나,
산속 숲이나, 바다 밑 어디로도 몰래 도망가지
못할 것이옵니다. 갈 테면 어디든 가보라지요!
전하께서 잘 견디시리라 믿사옵니다만,
오늘의 이 모든 슬픔을 참아내소서."
그때 연로한 왕은 벌떡 일어나, 베오울프의
말에 대해 전능하신 주 하나님께 감사했도다.
　그러자 갈기를 땋아 늘인 흐로드가르의 말에
굴레가 씌워졌도다. 그 현명한 왕은
위엄 있게 말을 타고 갔고, 창을 든 보병대는
행군을 하였도다. 숲길을 따라 여기저기
흩어진 괴물의 발자국들이 뚜렷이 보였나니,
흐로드가르와 함께 조국을 지키던 가신 중
가장 훌륭한 젊은 가신의 시체를 질질 끌고
어두컴컴한 황무지를 지나 곧장 갈 때
땅 위에 찍힌 그렌델 어미의 발자국들이라.
이리하여 군주들의 아들[91]은 가파른 바위투성이

비탈길, 좁은 길, 한 번에 한 사람씩 지나가는
좁은 통로, 기이한 수로, 가파른 해안 절벽,
수중 괴물들의 숱한 서식처들을 지나갔도다.
그는 그 지역을 정찰하기 위해서
몇몇 현자들과 함께 앞서 나가던 중
갑자기 산속 나무들의 음울한 숲이
회색 바위 위로 기울어져 있는 것을
발견했는데, 그 밑에서는 피투성이 물이
소용돌이치고 있었도다. 해안 절벽에서
우연히 에쉬헤레의 머리를 발견했을 때,
모든 덴마크인과 그들의 친절한 군주들은
마음 아팠고, 많은 가신은 고통스러웠으며,
모든 용사는 크나큰 슬픔에 잠겼도다.
사람들은, 뜨거운 피로 용솟음치는 물결을
바라보았으며, 선전포고의 뿔 나팔 소리가
반복적으로 들려왔도다. 일행은 모두 앉았도다.
그들은 물속에서 많은 종류의 뱀들을 보았는데,
기이한 바다뱀들이 물속을 탐색하고 있었고,

---

91 호로드가르. 여기서 군주들의 '아들'이란 군주들의 '후손'을 의미하는 것 같다.

해안 절벽 비탈에는 수중 괴물들이 누워 있었나니,
그것들은 종종 아침녘에 수면에 떠올라
항해 길을 배회하여 항해를 위태롭게 만드는
뱀과 야수들이라. 그것들은 몹시 화나고 격분하여
절벽 밑으로 뛰어내렸나니, 이는 전쟁 - 나팔 소리가
들려왔기 때문이라. 예이츠의 군주는 그들 중 하나가
헤엄쳐 수면 위로 떠오를 때 활을 쏘아
그것의 목숨을 빼앗았나니, 단단한 전투 - 화살이
급소에 꽂혔던 것이라. 죽음이 다가옴에 따라
호수 물속에서 그것의 움직임은 느려졌도다.
그때 사람들은 재빨리, 물 위에 뜬 그 괴이한
바다 - 방랑자를 갈고리 달린 산돼지 - 창으로
깊숙이 찌르고, 맹렬하게 공격하여,
해안 절벽 위로 끌어올렸고, 그 혐오스러운
낯선 짐승을 바라보았도다.
베오울프는 갑옷으로
무장했고, 죽음을 전혀 두려워하지 않았도다.
손으로 엮어 짠, 널찍하고 정교하게 장식된
전투 - 갑옷은 물밑 탐색을 위해 사용되고,
그의 몸을 안전하게 보호할 것이기에,
분노한 괴물의 사악한 손아귀의 억센 힘도

그의 심장, 그의 생명을 해치지 못하리로다.
또한, 빛나는 투구는 그의 머리를 보호했나니,
그것은 호수 바닥을 휘젓고, 요동치는 물속으로
들어가야 했도다. 그 투구는 보석으로 장식되고,
장려한 테를 둘렀나니, 이는 오랜 옛적에
무기 세공사들이 놀라운 솜씨로 만들었고
산돼지 형상들로 장식하여, 이후 어떤 검이나
전투-검들로도 자르지 못하게 했던 것이라.
적지 않은 도움이 될 또 다른 무기로, 흐로드가르의
대변인[92]이 필요시에 대비해 빌려준 것이 있으니,
그것은 바로 손잡이 달린 검, 흐룬팅이었도다.
그 검은 옛 보물 중 가장 진귀한 것으로,
날은 쇠로 되었고, 뱀 문양으로 장식되었으며,
전장의 피로 담금질 되었도다. 그 검은 전투에서
그것을 손에 잡은 어떤 자도, 위험한 원정에
용감히 가담하여 적진(敵陣)에 뛰어든 그 누구도
저버리지 않았나니, 그 검이 용맹스러운 업적을
세우게 될 기회가 이번이 처음은 아니었도다.
진실로, 힘센 에찔라프의 아들, 운훼르드는

---

92 운훼르드.

보다 훌륭한 검객[93]에게 그 무기를 빌려줄 때,
그가 전에 포도주를 마시고 취중에 했던
말을 기억하지 못했도다. 그 자신은 감히
요동치는 파도 밑에서 목숨을 건 용감한 행동을
하지 못했나니, 거기서 그는 영광과 명성을
잃었도다. 다른 사람[94]은 그렇지 않았나니,
그는 무장하여 임전 태세를 갖추었기 때문이라.

22 베오울프와 그렌델 어미의 전투(1473~1556)

에찌데오우의 아들, 베오울프는 말했도다:
"저명하신 헤알프데인의 아드님, 현명하신 왕,
보물 하사자시여, 이제 저는 원정 떠날 준비를
마쳤사오니, 이전에 전하와 제가 나눴던 말을
기억하소서. 만약 제가 전하를 위해 싸우다
목숨을 잃게 되면, 제가 죽은 후 전하께서
제 아버지 역할을 하시겠다는 말씀 말이옵니다.

---

93 베오울프.
94 베오울프.

제가 전투에서 쓰러진다면, 전하께서 저의 동지들,
젊은 가신들의 보호자가 되어 주옵소서.
친애하는 흐로드가르여, 또한 전하께서 전에
제게 주신 보물들을 히엘락에게 보내 주옵소서.
예이츠인의 군주이자, 흐레델의 아드님께서
그 보물을 보게 되면, 그 황금 보물로 미루어,
제가, 인심이 남달리 후한 보물 하사자를 만났고,
그 보물들을 즐겨 썼음을 알게 될 것이옵니다.
그리고 전하, 유명한 용사인 운훼르드에게
이 오랜 가보, 날이 단단하고 물결 문양을 새긴
훌륭한 검을 전해주옵소서. 저는 흐룬팅으로
영광을 얻든지, 아니면 죽게 될 것이옵니다."
  이 말을 마친 후 예이츠인 베오울프는
대답을 기다리지도 않은 채 서둘러
용감하게 떠났나니, 요동치는 호수 물결이
그 용사를 맞았도다. 그가 호수 바닥까지
도달하는 데는 상당한 시간이 걸렸도다.
그 호수 영역을 반백 년 동안 차지해온,
사납고 굶주리고, 소름끼치고 탐욕스런 자[95]는

95 그렌델의 어미.

어떤 인간이 위에서 괴물들의 거처를
탐사하고 있음을 재빨리 알아차렸도다.
괴물은 그 용사 쪽으로 손을 뻗쳐
괴력으로 그를 잡았지만, 그의 몸을
해치지 못했나니, 갑옷이 밖에서 막아주어,
괴물의 혐오스러운 발톱이 쇠사슬로 엮은
그의 전투복을 꿰뚫지 못했기 때문이라.
그 수중 암늑대[96]는 호수 바닥에 다다르자
갑옷 입은 왕자를 제 소굴로 끌고 갔기에,
제아무리 용맹스러운 그 사람이라 할지라도
무기들을 사용할 수 없었고, 수많은 괴물이
물속에서 그를 맹공격했나니, 숱한 바다짐승들이
전투용 송곳니로 그의 갑옷을 물어뜯었으며,
괴물들이 그를 추격했도다. 그때 그 용사는
어떤 흉측한 홀에 들어왔음을 알았는데,
그곳은 지붕으로 덮여 있었기에, 물이 그를
전혀 해치지 못했고, 갑작스러운 홍수의 습격도
그에게 닿지 못했도다. 거기서 그는 불빛,

[96] 여기서는 그렌델의 어미를 "수중 - 늑대"(water-wolf), 즉 '바다에 사는 암늑대'(she-wolf of the sea)로 표현한다.

밝게 빛나는 휘황찬란한 빛을 보았도다.
그때 그 훌륭한 용사는 저주받은 해저 괴물,
힘센 수중 - 마녀를 보았고, 그의 전투 - 검으로
힘껏 내려쳤으며, 공격을 멈추지 않았기에,
그의 고리 달린 검은 그녀의 머리 위에서
사나운 전투가(戰鬪歌)를 불렀도다. 그러나
그 방문자는, 번쩍이는 전투 - 검이 그녀를 베지도,
목숨을 해치지도 못하며, 곤경에 처한 그에게
소용없음을 알았도다. 이전에 이 검은 숱한
육박전을 겪었고, 종종 죽을 운명에 처한 자들의
투구와 갑옷을 베었나니, 이 귀중한 보물이
가공할 힘을 잃은 것은 이번이 처음이었도다.
히엘락의 친족은 다시금 심기일전하여
전혀 용기를 잃지 않고, 명성을 상기했도다.
성난 용사는 곡선 문양이 새겨지고, 장식으로
뒤덮인 검을 던졌나니, 강철 날의 단단한
검은 바닥에 떨어졌도다. 그는 이제 자신의 힘,
강력한 악력에 의지했도다. 전투에서
영원한 영광을 얻고자 하는 자는 마땅히
이래야 하며, 목숨에 연연해서는 안 되느니라.
예이츠의 왕자는 전투에서 전혀 위축되지 않고

그렌델 어미의 어깨를 잡았도다. 그러고는
전투에 능한 그는 몹시 분노하여 불구대천의
원수를 집어 던졌나니, 그녀는 바닥에 떨어졌도다.
이번에는 그녀가 재빨리 일어나 반격하여
사나운 발톱으로 그를 꽉 잡았으므로,
용사 중, 특히 보병 중 가장 강한 그는
기력이 약해져 비틀거렸고 넘어졌도다.
그러자 그녀는 제 거처의 방문객 위에 올라타고,
날이 번쩍이는 넓은 칼을 뽑아, 제 유일한 후손인
아들의 원수를 갚고자 했도다. 그러나 어깨를 덮은,
엮어 만든 쇠미늘 갑옷이 그의 생명을 지켰나니,
칼날과 칼끝이 들어오지 못하게 막아낸 것이라.
그의 쇠미늘 갑옷, 튼튼한 전투복이 그에게
도움을 주지 못했다거나, 거룩하신 하나님께서
전쟁의 승리를 가져다주지 않으셨더라면,
에찌데오우의 아들, 예이츠의 용사는 넓은 땅속으로
사라져 버렸을 것이었도다. 그가 다시 일어났을 때,
지혜로우신 주님, 하늘의 통치자께서는
바르고도 쉽게 승리를 결정하셨느니라.

23 베오울프의 승전과 귀환(1557~1650)

그때 그는 무기고에서 승리로 축성된 검,
날이 단단한, 거인들이 만든 고대의 검,
용사들이 부러워하는 검을 보았나니, 그것은
보통 사람들이 전쟁터에 들고 나가기에는
너무 크다는 것 외엔 무기 중 최상품으로서
훌륭하고 장려한, 거인들의 수제품이었도다.
격분하고 결연한, 덴마크인들의 용사[97]는
사슬 달린 칼자루를 잡고, 고리 달린 칼을 뽑아,
제 목숨을 단념한 채, 분노의 일격을 가했나니,
그 단단한 칼은 그녀의 목에 세게 맞아서
목뼈를 부러뜨렸도다. 칼은 죽을 운명의 몸을
바로 관통했나니, 그녀는 바닥에 쓰러졌고,
칼은 피투성이가 되었으며, 그는 의기양양했도다.
어디선가 빛이 들어와, 마치 하늘의 촛불[98]이
하늘에서 밝게 빛나는 것처럼 내부를 환히

---

97 베오울프는 예이츠인이지만, 지금 덴마크를 위해 싸우고 있으므로 덴마크인들의 용사라고 묘사되어 있다.

98 '하늘의 촛불'(heaven's candle) : 태양을 나타내는 케닝의 예.

비춰주었도다. 그는 홀 주변을 두루 살폈나니,
히엘락의 가신은 분노에 차고 결연한 의지로
칼자루를 단단히 잡고, 칼을 높이 쳐든 채
벽을 따라가며 정찰했도다. 그 칼은 용사에게
무용지물이 아니었나니, 그는 그렌델이 저지른
그 한 번의 악행[99] 뿐 아니라, 그보다 훨씬 더 자주
덴마크인들에게 가했던 많은 공격에 대해
신속히 복수하고 싶었도다. 그때 그렌델은
잠든 흐로드가르의 가신들을 죽였었도다.
곤히 잠자고 있던 덴마크 백성들을
열다섯 명이나 삼켰으며, 그 인원만큼의
다른 사람들을 끌고 가버렸나니,
끔찍한 노략물이었도다. 성난 용사는
그렌델에게 앙갚음했나니, 그는 그렌델이
전에 헤오로트 전투에서 입은 상처로 인해,
전투에 탈진한 시체로 침상에 누워있는 것을
보았도다. 그 시체는 죽음 후에 가해진
강한 검의 일격으로 인해 탁 벌어졌고,
이어 베오울프는 시체의 머리를 잘랐도다.

[99] 이 시의 앞부분, 120~125행에서 묘사된 바 있는 그렌델의 습격을 말한다.

호로드가르와 함께 호수를 지켜보던
현자들은 즉시 그 광경을 보았나니,
요동치는 물결은 모두 위로 솟구쳤고,
호수는 피로 물들었도다. 백발의 노(老)현자들은
다 함께 그 훌륭한 용사에 대해 말하기를,
그가 승자가 되어 다시금 영광스러운 군주를
뵈러 돌아오리라고는 기대하지 않는다는
것이었도다. 그때 많은 이들은 바다 암늑대가
그를 죽였다고 생각했기 때문이었도다.
어느덧 제 9시[100]가 되자, 용감한 덴마크인들은
그 호수 절벽을 떠났으며, 그들의 보물 하사자도
그곳을 떠나 집으로 갔도다. 그러나 방문자들[101]은
슬픔에 잠긴 채 그곳에 남아 호수를 응시하며,
자신들의 친절한 군주를 다시 뵙기 바랐지만,
기대하지는 않았도다. 그때 그 전투-검은
전투에서 흘린 피로 인해 전투-고드름이 되어
줄어들기 시작했나니, 시간과 계절의 주관자
하나님 아버지께서 서리의 족쇄를 풀고,

---

[100] 오후 3시.

[101] 호로드가르의 나라, 덴마크를 그렌델로부터 구하기 위해 베오울프와 함께 온 예이츠인들.

꽁꽁 얼어붙은 물을 녹이실 때처럼,
그 칼이 얼음인 양 전부 녹아버린 것은
놀라운 일이었나니, 그는 참 하나님이시로다.
그 예이츠 군주는 그렌델의 거처에서
많은 보물을 보았지만, 그의 머리와
보석으로 장식된 칼자루 외에 다른 보물은
취하지 않았도다. 칼은 벌써 녹아버렸나니,
물결 문양의 칼은 타버렸도다. 피는 몹시 뜨거웠고,
그 안에서 죽은 기괴한 영은 그토록 유독했도다.
조금 전 격투에서 적들은 쓰러지고, 홀로
생존한 그는 헤엄쳐서 물 위로 떠올랐으며,
그 기괴한 영이 제 삶의 날들을 마치고
이 무상한 세상을 떠났을 때, 요동치던 호수와
드넓은 지역들은 모두 정화되었도다.

그때 결단력 있는, 항해자들의 보호자가
헤엄쳐서 뭍으로 올라왔고, 그는 자신이 끌고 온
바다의 노획물인 커다란 짐으로 인해 기뻤도다.
그러자 그의 힘센 가신들 무리가 그를 맞이했고,
그들의 군주가 안전하게 돌아온 것을 보게 되어
하나님께 감사드리며 크게 기뻐했도다.
그리고 그 강한 자의 투구와 갑옷을

재빨리 벗겼도다. 살육의 피로 얼룩진,
하늘 아래의 물, 그 호수는 고요했도다.
그들은 기쁜 마음으로 그곳을 떠나
오솔길을 따라 걸었고, 잘 알려진 길로
나아갔도다. 대단히 용감한 그 용사들은
호수 절벽으로부터 그 머리를 운반했는데,
그것은 매우 용감한 자들 모두에게
힘겨운 일이었기에, 장정 네 명이
그렌델의 머리를 창대에 걸고 끙끙대며
황금 회관까지 가져가야 했도다.
마침내 용감하고 담대한 전사인 14명의
예이츠인들은 헤오로트에 도착했나니,
의기충천한 그들의 군주는 그들 무리에
섞여 주연 회관 인근의 벌판을 지나왔도다.
이로써 용사들의 군주요, 대담한 행동가요,
명성을 떨치게 된 용감한 전쟁 영웅은
흐로드가르를 알현하러 나아갔도다.
그때 그는 그렌델의 머리카락을 잡아끌고
사람들이 술을 마시고 있는 홀에 들어갔나니,
그 끔찍한 것은 용사들, 함께한 여왕, 모두에게
놀라운 광경이라. 그들은 그것을 바라보았도다.

24 베오울프의 전투 보고와 흐로드가르의 교훈(1651~1739)

에찌데오우의 아들, 베오울프는 말했도다 :
“헤알프데인의 아드님, 덴마크의 군주시여, 보소서.
전하께서 여기 보시는 이 호수의 노획물을
영광의 증거로 전하께 기꺼이 가져왔나이다.
저는 수중전(水中戰)에서 간신히 살아남아
목숨을 건졌나이다. 싸움은 매우 힘겹고
치열했나니, 하나님께서 저를 지켜주시지
않았더라면, 전투는 즉시 끝났을 것이옵니다.
흐룬팅은 훌륭한 무기이나, 그 전투에서는
그 검으로 아무것도 할 수 없었나이다.
그러나 인류의 통치자께서 – 종종 친구 없는
자를 도우시나니 – 저로 하여금 아름답고
커다란 고검(古劍)이 벽에 걸려 있는 것을
보게 하셨기에, 저는 그 검을 빼 들었나이다.
그리고 싸우던 중 기회가 왔을 때, 그 소굴
지킴이들을 죽였나이다. 물결 문양의 전투 - 검은
전투에서 흘린 가장 뜨거운 피가 솟구쳤을 때
그 피에 타 버렸나이다. 저는 적들에게서

칼자루를 빼앗았고, 마땅히 해야 할 도리로서,
덴마크인들을 살해한 악행을 보복했나이다.
그러니 덴마크의 군주시여, 전하께 약속하옵건대,
전하께서는 휘하 부대원들과 백성의 모든 가신,
노소를 막론하고 용사들과 함께 근심 걱정 없이
헤오로트에서 주무시게 될 것이며, 이전처럼
그렌델을 두려워하거나, 회관에서 용사들이 목숨을
잃게 될까 걱정하실 필요가 없을 것이옵니다."
그러고 나서 고대의 거인들의 작품인
황금 칼자루는 백발 노장인 전쟁 - 수장의
수중(手中)에 들어갔나니, 솜씨 좋은
대장장이의 수공품은 악마들이 죽은 후에는
덴마크 군주의 소유가 되었으며,
증오에 찬 자, 살인죄를 지은 하나님의 원수가
이 세상을 떠나고 그 어미마저 죽은 후에는
스칸디나비아 반도의 최남단[102]에서
보물을 나눠주는 자들 가운데, 두 대양 간
세상에서 가장 훌륭한 왕의 뜻에 맡겨졌도다.
　호로드가르는 말했으며, 고대의 유물인

[102] 덴마크 지역을 일컫는다.

칼자루를 살폈도다. 거기엔 홍수,
범람하는 대양이 거인족을 몰살시킨 때의
옛 투쟁의 기원이 새겨져 있었나니,
그들은 악하게 굴었고, 영원하신 하나님을
멀리했으므로, 우주의 통치자께서는 홍수로써
그들의 악행에 최후의 징벌을 내리셨도다.[103]
또한 칼자루 위쪽을 두른 빛나는 금판에는
룬 문자[104]로 정확히 새기고, 표시하고, 기록하여,
가장 훌륭한 그 칼이 최초에 누구를 위해
제작되고, 꼬불꼬불한 뱀 문양으로 장식되었는지
밝혀주고 있었도다. 그러자 현명한, 헤알프데인의
아들이 말하기 시작했고, 모두 조용히 했도다.
"백성들을 위해 진리와 정의를 따라 행동하며
지나간 옛일들을 모두 기억하는 이 나라의
노령의 수호자가 진실로 말하노니, 이 용사는
태생이 훌륭한 자라 할 것이오! 내 벗 베오울프여,

---

[103] 이 부분은 노아의 홍수 이야기가 언급되기 직전의 성경의 내용과 유사하다. "그 무렵(그리고 그 후에도) 땅에는 거인들이 있었다. 그들은 하나님의 아들들과 사람의 딸들 사이에서 태어난 자들이었다. 그들은 고대의 용사들로서 이름난 사람들이었다."(「창세기」 6:4 *메시지*)

[104] 룬 문자(rune-markings) : 초기 게르만족에 의해 라틴어가 도입되기 전에 만들어진 문자 체계.

그대의 명성은 먼 지역들에까지 널리 퍼졌나니,
모든 나라가 그대를 안다오. 그대는 한결같이 매사에
단호하며 분별력을 지녔소. 우리가 얼마 전에 약속했듯,
짐은 그대와의 우정을 지킬 거요. 그대는 오랫동안[105]
그대의 백성에게는 위안이 되고, 용사들에게는
도움이 될 것이오.
헤레모드는 에찌웰라[106]의 후손인
명예로운 덴마크인들에게 그렇지 못했다오.
그는 성장하여 그들의 기쁨이 되기는커녕,
덴마크 백성을 살해하고 멸망시켰을 뿐이오.
그는 화가 나면 자신의 술벗들과 동료들을
죽였나니, 이 악명 높은 왕은 마침내 홀로,
더불어 사는 인생의 기쁨에서 떠나고 말았소.
전능하신 하나님께서 그에게 힘과 권세를
누리게 하시고, 그를 모든 사람보다
더 높이셨건만, 그의 마음속 생각은 점점
피에 굶주렸고, 덴마크인들을 영예롭게 하는
보물도 주지 않았소. 그는 낙이 없이 살다가

---

105 1705~1707행은 다른 시행보다 긴 장행시(長行詩. hypermetrical lines)에 속한다.

106 에찌웰라(Ecgwela) : 알려지지 않은 덴마크 왕.

종국엔 투쟁의 쓰라린 고통과 오랜 불운을
겪었다오. 그대는 몸소 이것에서 배우고
진정한 미덕을 갖추시오! 내 노년의 지혜로
그대 위해 하는 말이오. 전능하신 하나님께서
얼마나 넓은 마음으로 인류에게 지혜와
대지와 직위를 베풀어 주시는지 참으로
놀라울 뿐이니, 그는 만물의 통치자시오.
때때로 하나님은 명문가 태생의
사람의 마음을 기쁨으로 채우시고,
그에게 고국에서 백성들의 성(城)을
다스리는 세속의 기쁨을 주시며,
세상의 지역들, 광대한 왕국을
그에게 복속시켜, 그가 어리석은 탓에
왕국의 종말을 생각지 못하도록 하신다오.
그[107]는 부유하게 살았으며, 질병이나 노년이
그를 방해하지 못했고, 슬픔이 그의 마음을
암울하게 하지도 않았고, 어디서든 반목으로
전쟁이 터지지도 않았고, 만사가 그의 뜻대로
되었나니, 그는 이보다 나쁜 일을 알지 못했소.

---

[107] 헤레모드.

25 흐로드가르의 교훈 〈계속〉 (1740~1816)

그러다 그의 마음속에 엄청난 교만이
자리 잡게 되었고, 그때 영혼 지킴이인
파수꾼은 잠들어, 근심에 둘러싸인 그는
너무도 깊은 잠에 빠졌으며, 치명적 화살을
쏘는 사악한 살인자가 매우 가까이 있었소.
그때 날카로운 화살이 갑옷을 꿰뚫고 들어와
그의 심장에 꽂혔소. 그는 저주받은 악마의 사악하고
불가사의한 공격으로부터 자신을 보호할 수 없었소.
그는 오랜 소유물들이 너무 하찮아 보였기에,
화가 나서 탐심을 부렸고, 장식된 금고리들을
자랑스레 나눠준 적이 없으며, 영광의 통치자,
하나님이 전에 영예로운 것들을 많이 주셨기에,
다가올 운명에 대해 잊고, 소홀히 여겼다오.
그 후 마침내 종말의 시간이 다가와
그의 덧없는 육체는 무너져 내리고 쓰러져
죽을 운명에 처했고, 이로써 그의 오래된 보물은
다른 이의 소유가 되었나니, 그는 보물들을
걱정스레 지키지 않고 아낌없이 나눠준다오.
가장 훌륭한 용사, 친애하는 베오울프여,

사악함에 빠지지 말고, 보다 더 나은 것,
영원한 이득을 택하시오. 유명한 용사여
교만하지 않도록 하오! 그대의 영광스러운 힘은
잠시 동안 뿐이라오. 이제 조만간
질병이나 칼이 그대의 힘을 앗아가거나,
화재가 발생하거나, 홍수가 범람하거나,
칼의 습격이나, 공중에서 번뜩이는 창들,
혹은 끔찍한 노년이 닥칠 것이고, 눈의 총기가
사라져 침침하게 될 것이며, 친애하는 용사여,
머잖아 죽음이 다가와 그대를 삼켜버릴 것이오.
"이렇게 나는 하늘 아래 반백 년 동안
덴마크를 다스렸고, 이 세상 도처에 있는
수많은 나라와의 전쟁에서 창과 칼로써
백성들을 보호했소. 그래서 드넓은 하늘 아래
아무도 나의 적수가 되지 못한다고 여겼소.
그런데 오랜 숙적, 그렌델이 습격했을 때,
내 나라의 상황이 완전히 역전되어
기쁨은 슬픔으로 변하게 되었으며,
그의 약탈로 인해 내 마음에는 언제나
슬픔이 끊이지 않았소. 그러나 오래 시달린 후,
마침내 살아생전에 내 눈으로 직접

피투성이가 된 그의 머리를 보게 되다니,
이로 인해 영원한 주, 하나님께 감사드리오!
탁월한 전사(戰士)여, 그대 좌석으로 돌아가
축제의 기쁨을 만끽하시오. 아침이 오면
우리는 많은 보물을 나누게 될 것이오."

그 에이츠인은 마음속으로 기뻐하며
현명한 왕의 분부대로 제 자리에 가 앉았도다.
그러자 다시금 이전처럼 홀에 자리한
용사들을 위해서 유쾌한 주연이 새롭게
베풀어졌도다. 밤의 어두운 장막이 용사들 위에
드리웠나니, 가신들 무리는 모두 일어났고,
백발이 된 노령의 덴마크 왕은 침소에 들기
원했도다. 방패를 든 용감한 에이츠인도
휴식을 취하기를 간절히 바랐도다.
즉시 한 회관 지킴이가, 먼 나라에서 온
원정에 지친 그에게 길을 안내했나니,
그는 예를 갖춰 용사에게 필요한 모든 것,
즉 그 시절, 바다를 건너온 용사들이
필요로 했음 직한 모든 것에 시중들었도다.

이리하여 그 고상한 정신의 소유자는 쉬었도다.
둥근 지붕과 금장식을 한 회관은 우뚝 솟아있었고,

검은 까마귀가 명랑하게 하늘의 기쁨을 알릴 때까지
그 방문객은 그 안에서 잤도다. 그러자 밝은 빛은
황급히 그림자를 몰아냈고, 용사들은 서둘렀나니,
그 귀인들은 자기 백성들에게 돌아가길
간절히 소망했으며, 그 담대한 방문자는
멀리 떨어져 있는 배를 찾아보고 싶었도다.
　그때 그 용사는 흐룬팅을 에찔라프의 아들에게
가져다주도록 명했고, 그에게는 그 소중한 검을
받게 했으며, 그 검을 빌려준 데 대해 감사했도다.[108]
또한 그는 이 검이 전투에서 좋은 벗이 되었고
강력한 도움을 주었다고 말했고, 칼날에 대해 전혀

---

[108] 1807~1809행a : 이 부분의 주어를 베오울프가 아니라 에찔라프의 아들(운훼르드)로 보아 이 부분을 '**용감한 에찔라프의 아들이 베오울프에게 흐룬팅을 가져다주도록 명령했고, 베오울프에게 그 소중한 검을 선물로 가지라고 했다.**'고 해석하는 학자들도 있다. 이들의 주장에 의하면, 베오울프가 이전에 운훼르드에게서 빌렸던 검(1455~1457행 참조)을 되돌려주면서 마치 자기의 검을 주는 것처럼 명령할 수는 없다는 것이다.

그러나 이 해석의 문제는, 1807~1809행a의 앞뒤 문장들에서 베오울프를 주어로 하여 이야기가 전개되는 도중 난데없이 이 부분에서만 운훼르드가 주어로 등장하게 됨으로써 전체 단락의 문맥상의 통일성을 해친다는 것이다. 또한, 이야기의 진행상, 베오울프는 그렌델 어미와의 힘겨운 전투에서 돌아오자마자, 아직 흐룬팅을 운훼르드에게 되돌려줄 기회조차 얻지 못한 채, 흐로드가르에게 전투 결과를 보고하는 것으로 되어 있다. 따라서 이 장면에서 베오울프가 흐룬팅을 운훼르드에게 되돌려주는 것으로 보는 것이 문맥상 더 자연스러운 것 같다.

흠잡지 않았나니, 그는 사려 깊은 사람이었도다.
이제 용사들은 출발을 고대하며 군장을 갖춰
떠날 채비를 했고, 덴마크인들의 존경을 받는
그들의 군주는 다른 한 분이 앉아 있는 왕좌로 가서,
그 용감한 전쟁 영웅은 흐로드가르에게 인사했도다.

26 베오울프와 흐로드가르의 고별인사(1817~1887)

에찌데오우의 아들, 베오울프는 말했도다:
"먼 곳에서 온 저희 항해자들은 이제
히엘락 왕께 돌아가고자 하는 염원을 아뢰고자
하옵니다. 저희는 여기서 매우 극진한 대접을
받았나니, 전하께서는 저희를 잘 대해주셨나이다.
만약 제가 이 땅에서 무언가를 더 할 수 있고,
그래서 이제껏 전공(戰功)으로 얻은 것보다
전하의 총애를 더 많이 받을 수만 있다면,
용사들의 군주시여, 즉시 실행하겠나이다.
전하의 원수들이 이따금 전하를 공격했듯이,
만약 인접 민족들이 전하를 무섭게 위협한다는

소식을 드넓은 바다 저편에서 듣게 된다면,
저는 전하를 돕고자 천 명의 가신들, 영웅들을
이끌고 올 것이옵니다. 제가 알고 있는바,
예이츠인들의 군주, 히엘락은 백성을 다스리기엔
비록 젊으시나, 말과 행동으로 저를 후원하시어
저로 하여금 전하를 영예롭게 하고, 전하께서
인력이 필요하실 때, 창을 든 병사들과 원군을
이끌고 와서 전하를 돕게 하실 것이옵니다.
만약 흐레드릭 왕자[109]께서 몸소 예이츠 궁전을
방문하기로 결정하신다면, 거기서 많은 벗을
사귀게 될 것이옵니다. 스스로 가치 있는 자가
방문하기엔 먼 외국이 더 적합하기 때문이옵니다."
  흐로드가르는 그에게 대답하여 말했도다:
"현명하신 하나님께서 그대의 마음속에 그런
훌륭한 말씀을 주셨구려. 나는 이렇게 젊은이가
이토록 지혜롭게 말하는 것을 들어본 적 없소.
그대는 힘도 강하고, 마음도 성숙한데,
말솜씨도 뛰어나구려! 짐이 짐작하건대,

[109] 흐레드릭: 흐로드가르와 웨알데오우의 세 자녀 중 첫째 아들(제1부의 각주 66번 참조). 세 자녀는 흐레드릭, 흐로드문드, 그리고 프레아와루이다. 프레아와루에 관해서는 제1부의 각주 7번을 참고하라.

만약 칼과 칼이 부딪치는 전쟁이 일어나
흐레델의 아들, 히엘락이 창에 찔린다거나,
나라의 수호자, 그대의 군주께서 질병이나 칼로
목숨을 잃게 되고, 그때까지 그대가 생존한다면,
예이츠인들은 자기들의 국왕으로, 영웅들의
보물 수호자로서, 그대보다 더 나은 사람을
택할 수는 없을 것이오, 그대가 친족의 왕국을
다스리고자 한다면 말이오. 친애하는 베오울프여,
그대 인품은 날이 갈수록 더욱 나를 기쁘게 하오.
그대가 이룬 업적 덕분에 두 민족, 즉
예이츠 백성과 덴마크 백성들이 상호
평화롭게 공존하게 될 것이며, 이전의
투쟁과 적대 행위들은 그치게 될 것이오.
내가 이 넓은 왕국을 통치하는 동안
보물들을 나누게 될 것이며, 많은 사람이
바닷새의 목욕탕[110] 너머 선물을 갖고 왕래하고,
선수에 고리 달린 배는 바다 건너 선물들과
우정의 징표들을 실어 갈 것이오. 나는 이 백성이
친구에게든 적에게든 옛 전통대로 확고부동하며

110 '바닷새의 목욕탕'(sea-bird's bath) : 바다를 묘사하는 케닝의 예.

모든 면에서 흠잡을 데가 없다는 걸 알고 있소."
그 후 헤알프데인의 아들인, 용사들의 수호자는
회관에서 베오울프에게 열두 개의 보물을 주었고,
그 선물들을 가지고 무사히 그의 사랑하는 백성들을
찾아가되, 속히 다시 돌아오라고 당부했도다.
이제 훌륭하고 고귀한 왕, 덴마크인들의 군주는
가장 뛰어난 용사, 베오울프에게 입을 맞추고
목을 껴안았으니, 백발의 왕의 눈에서 눈물이
흘러내렸도다. 연로하며 현명한 왕은 두 가지를
예감했는바, 특히 한 가지가 더 강하게 느껴졌나니,
용감한 그들이 이후 다시는 서로 만나지 못하리라는
것이었도다. 그에 대한 애정이 그토록 깊었기에
왕은 벅차오르는 가슴을 억누를 수 없었나니,
총애하는 그 사람에 대한 숨은 갈망이
가슴 속에서 심장의 끈으로 묶여, 핏속에서
불타고 있었도다. 금으로 눈부시게 단장한
용사 베오울프는 보물로 한껏 고조된 채
그를 떠나 풀밭으로 걸어갔나니, 정박해 있는
바다 - 항해자[111]가 제 주인을 기다리고 있었도다.

---

[111] '바다 - 항해자'(sea-goer) : 배를 묘사하는 케닝의 예.

항해 중에 그들은 흐로드가르의 선물에 대해
자주 칭송했나니, 많은 사람을 종종 해치는
고령으로 기력이 쇠하기까지, 그는 모든 면에서
흠 없는, 누구와도 비교할 수 없는 왕이었도다.

27 히엘락 궁전에 도착한 베오울프 일행과 모드쓰리도 삽화(1888~1962)

그러자 매우 용감한 한 떼의 젊은이들이
바다로 나갔는데, 그들은 고리로 엮은 갑옷을
입고 있었도다. 해안 경비병은 전에 이들의 도착을
보았듯이, 귀국길에 오른 이 용사들을 보았나니,
이번엔 절벽 꼭대기에서 무례하게 이 손님들께
인사하는 대신에, 말을 몰아 그들에게 다가가서,
빛나는 갑옷을 입고 배를 타러 가는 이 용사들이
예이츠 백성들에게 환영받을 것이라고 말했도다.
그러자 모래 위에 정박해 있던, 뱃머리에 고리 달린
커다란 배에는 전투복들, 말들, 그리고 보물들을
가득 실었나니, 돛대는 흐로드가르의 선물인,
적재된 보물 더미 위로 우뚝 솟아 있었도다.

베오울프는 배를 지킨 경비병에게 금장식을 한
검을 주었나니, 훗날 그는 주연석에서
가보인 그 보물로 인해 한층 더 존경을
받게 되었도다. 이제 그들은 배에 올라
깊은 바다를 헤치며 덴마크 땅을 떠났도다.
그때 바다 - 옷[112]인 돛이 밧줄로 단단히
돛대에 묶였고, 바다 - 나무는 삐걱거렸지만,
물결 위로 부는 바람은 파도 - 뗏목의 진로를
방해하지 못했도다. 그 바다 - 항해자는 전진했나니,
뱃머리를 단단히 묶은 배는 목 주위에 거품을 내며
바다에 떠서, 파도치는 대양의 물결 넘어 나아가,
마침내 용사들은 예이츠의 절벽, 낯익은 곶을
볼 수 있게 되었고, 배는 바람에 떠밀려
빠르게 전진하여 육지에 닿게 되었도다.
해안 경비원은 재빨리 바닷가로 나아갔나니,
그는 사랑하는 동료들을 그리워하며 전부터
오랫동안 바다 멀리 응시하고 있었기 때문이라.
그는, 파도가 들이쳐 그 아름다운 배가

---

[112] '바다 - 옷'(sea-garment)은 돛을 묘사하는 케닝이며, '바다 - 나무'(sea-wood)와 '파도 - 뗏목'(wave-floater)은 모두 배를 묘사하는 케닝의 예들이다.

멀리 떠내려가지 않도록 서둘러 그 널찍한 배를
닻줄로 단단히 묶어 해안가에 정박시켰도다.
그러자 베오울프는 군주들의 보물, 장식품, 판금 등을
해안가에 운반하도록 명했도다. 그들이 찾아뵐
보물 분배자인 흐레델의 아들, 히엘락의 거처는
거기서 그리 멀리 않았나니, 그는 해안 절벽 근처
자택에서 가신들과 더불어 거주했기 때문이라.
　그 건물은 웅장했고, 매우 용맹스런 그 왕은
회관 높은 곳에 앉아 있었도다. 해레드[113]의 딸,
히이드는 매우 젊었으며, 성안에서
불과 몇 년 머물지 않았음에도 지혜롭고
사려 깊었으며, 인색하지도 않았나니,
예이츠 백성들에게 아낌없이 선물을
나눠주었도다. 그 나라의 훌륭한 여왕
모드쓰리도[114]는 끔찍한 죄를 범했도다.

---

[113] 해레드(Haereth) : 히엘락의 왕비인 히이드의 아버지.

[114] 모드쓰리도(Modthrytho) : 앵글족(Angles)의 전설적인 오파(Offa) 왕의 왕비. 앞서 베오울프와 헤레모드가 대조를 이루었듯, 여기서는 히엘락의 현명한 왕비인 히이드와 모드쓰리도가 대조를 이룬다. 모드쓰리도는 원래 거만하고 성격이 거친 자로서 젊은 시절에 숱한 악행을 저질렀으나 오파 왕의 아내가 된 후에는 현명한 여인으로 변화되어, 바로 앞(1929행)에서 묘사했듯, '훌륭한' 여왕이 되었다고 한다. 그녀는 말하자면, '말괄량이 길들이기' 주제의 전형적인 예에 해당된다.

위대한 군주 외에는 그의 신하 중 아무도
감히 대낮에 그녀를 빤히 쳐다볼 수 없었나니,
만약 누군가가 그녀를 쳐다보았다면,
그는 손으로 꼬아 만든 무서운 차꼬를 찰
각오를 해야 했으며, 붙잡히면 그 즉시
칼을 준비시켜, 물결무늬가 새겨진 칼로
사태를 수습하게 함으로써, 그 죄가 사형에
해당함을 선포했도다. 평화를 이뤄야 할 여인이
가상의 모욕 때문에 사랑하는 신하의 목숨을
빼앗다니, 그녀가 빼어난 미인이라 할지라도,
그것은 여자로서 할, 여왕다운 행동은 아니었도다.
그러나 헤밍의 친족[115]은 그런 짓을 중지시켰나니,
주연석의 사람들이 주고받는 말에 의하면,
그녀가 아버지의 분부대로, 누른빛이 감도는
물결 넘어 항해하여, 오파의 홀을 찾아가,
금으로 치장하고, 젊은 용사, 훌륭한 귀족에게
시집을 간 후부터는 자기 백성들에게
해를 끼치거나 적대적인 행위를 하지
않았다는 것이라. 그 후 그녀는

---

[115] 헤밍(Hemming)의 친족: 모드쓰리도의 남편인 오파 왕을 말한다.

왕후로서 선행을 베푼 것으로 유명해졌고,
살아가는 동안 뜻있는 삶을 위해 애썼으며,
용사들의 군주인 오파를 극진히 사랑했나니,
내가 듣기로 그는 지구 상의 모든 인류,
혹은 양 대양 간의 모든 사람 중에서
가장 훌륭한 자였도다. 용감한 자, 오파는
선물에 후하고 전투에 능했으므로
널리 칭송을 받았고, 지혜로써 고국을
다스렸도다. 그에게서 에오메르[116]가 태어났으니,
그는 헤밍의 친족이자, 가르문드의 손자로서,
전투에 강했으며, 용사들의 버팀목이 되었도다.

28 히엘락의 환영과 베오울프의 원정 보고(1963~2038)

용감한 베오울프는 동료 병사들과 함께
백사장을 따라 걸어서 바닷가 벌판, 드넓은

---

[116] 에오메르(Eomer) : 오파 왕의 아들. 이 이름은 '에오'(eoh. 말)와 '매레'(maere. 유명한)의 합성어로서, '유명한 말'이라는 뜻이다. 에오메르의 할아버지 이름인 가르문드(Garmund)는 '가르'(gar. 창)와 '문드'(mund. 손)의 합성어로서, '창을 든 손'을 뜻한다.

해안가로 나아갔도다. 세상의 촛불인 태양은
재촉하듯 남쪽에서 비췄고, 그들은 씩씩하게,
용사들의 수호자요, 온겐데오우[117]의 살해자인
젊지만 훌륭한 전쟁 - 왕, 히엘락이 성 안에서
보물을 나눠주신다고 들은 곳을 향해
나아갔던 것이라. 베오울프의 귀환 소식이
즉시 히엘락에게 보고되었나니,
용사들의 수호자, 즉 그의 방패 - 동지가
전투에서 다치지 않고 살아남아
성의 경내로 들어오고 있다는 것이라.
막강한 왕의 명령대로, 걸어오는 용사들 위해
홀 안은 신속히 깨끗하게 정돈되었도다.
　히엘락이 진지하고도 격식을 갖춘 연설로
충성스러운 신하를 맞이하는 환영사를 마친 후,
그는 전투의 생존자와 친족 대 친족으로
마주 앉았도다. 해레드의 딸은 잔을 들고

---

[117] 온겐데오우(Ongentheow) : 스웨덴의 국왕. 스웨덴인들과 예이츠인들은 오랫동안 갈등 관계에 있었다. 실제로 온겐데오우를 죽인 자는 히엘락이 아니라, 그의 휘하 군사였던 에오보르(Eofor)였다(에오보르는 Eafor 또는 Iofor로도 표기한다). 온겐데오우와 히엘락, 그리고 에오보르가 싸운 에피소드는 이후에도 2484~2489행과 2924행 이하에 등장하고, 특히 2961~2981행에서 상세히 묘사된다.

홀 안을 이리저리 두루 돌아다니면서,
친절하게 사람들을 접대하고, 독한 술잔을
용사들의 손에 건넸도다. 높은 홀 안의
히엘락은 불같은 호기심을 참지 못하여
해양-예이츠인들의 원정이 어떠했는지
그의 동지에게 정중하게 묻기 시작했도다:
"친애하는 베오울프여, 그대가 바다 건너
멀리 헤오로트 전투를 위해 떠나고자
갑자기 결심한 후, 그대의 항해 여정은
어떠했었소? 그대는 저 유명한 군주,
흐로드가르의 널리 알려진 근심거리를
어떻게든 덜어주었소? 짐은 그것 때문에
깊은 슬픔에 잠겼었고, 친애하는 이의
원정을 믿을 수 없었기에, 그대에게 어떻게든
살인마에게 접근하지 말고, 덴마크인들 스스로
그렌델과의 싸움을 끝내도록 내버려두라고
오랫동안 애원했었소. 짐은 그대가 무사한
것을 보게 되어 하나님께 감사드리오."
　에찌데오우의 아들, 베오울프는 말했도다:
"히엘락 군주시여, 그 엄청난 교전,
즉 그렌델이 승전의 덴마크인들에게

숱한 슬픔과 끝없는 불행을 가져다준
바로 그곳에서 그렌델과 저 사이에 벌어진
격전은 많은 사람에게 잘 알려져
있사옵니다. 저는 모든 원수를 갚았나니,
지구 상 어떤 그렌델의 혈족도, 사악한 종족 중
죄악에 얽매인 채 가장 오래 사는 그 누구도,
그 밤의 격돌에 대해 자랑할 근거를 찾지 못할
것이옵니다. 거기서 저는 먼저 금고리-회관에
찾아가서 흐로드가르를 예방하였으며,
유명한 헤알프데인의 아드님은 제가
그곳에 간 이유를 알게 되자, 즉시
그의 아들들 옆에 제 자리를 마련했나이다.
그 무리는 기뻐했나니, 하늘의 둥근 천장 아래,
주연석 참가자들이 이보다 더 기뻐하는 광경을
일찍이 본 적 없나이다. 국가 간 평화의 상징[118]인
유명한 여왕은 이따금 홀의 구석구석을 다니며,
젊은이들을 격려하였고, 종종 어떤 용사에게
금고리를 하사한 후, 제 자리로 갔나이다.

[118] '국가 간 평화의 상징'(peace-pledge between nations) : 국가 간의 전쟁을 막고 평화를 유지하기 위해서 왕의 딸들을 정략적으로 타국의 왕비로 시집보내는 풍습을 암시한다.

호로드가르의 따님은 때때로 연회석에 앉은
고참병들에게 차례대로 술잔을 돌렸는데,
그녀가 점점이 보석 박힌 잔을 용사들에게 줄 때,
홀에 앉은 무리가 그녀를 프레아와루라고 부르는 것을
들었나이다. 금붙이로 몸단장을 한 젊은 그녀는
프로다의 점잖은 아들[119]과 정혼한 사이였나니,
이는 덴마크 왕국의 수호자인 군주에 의해서
성사된 것으로, 그는 이것이, 이 여인을 통해서,
고질적 반목과 분쟁을 멈출 수 있는 좋은 정책이라
여겼던 것이옵니다. 그러나 신부가 아무리 훌륭하다
할지라도, 군주가 쓰러진 후, 살인 무기인 창을
잠시나마 세워두는 것은 어디서나 드문 일이옵니다!

헤아도바르드의 군주가 프레아와루와 함께

[119] 프로다(Froda)의 아들 : 잉겔드. 2024~2069행에는 호로드가르의 딸 프레아와루와 덴마크의 숙적인 헤아도바르드의 국왕 잉겔드 사이의 정략결혼을 소개하는 에피소드가 삽입되어 있다. 잉겔드의 부왕, 프로다는 덴마크인들에게 살해당했었다. 호로드가르는 자기 딸을 잉겔드와 결혼시킴으로써 양국 간의 불화를 잠재우려고 했으나 뜻을 이루지 못했다. 프레아와루가 잉겔드에게 시집갔을 때 그녀의 수행원들은 이전 전투에서 노획한 헤아도바르드인들의 갑옷과 무기를 지니고 있었는데, 이를 본 헤아도바르드인들이 모욕감을 참지 못해 잉겔드를 선동하여 덴마크인들을 죽이게 했던 것이다. 이로써 양국 간에는 또다시 반목이 시작되었다.

홀 안으로 들어갔을 때, 그와 그의 백성들의
모든 가신은 매우 불쾌했을 것이옵니다.
덴마크 귀족들이 거기서 환대받고 있었는데,
그들의 몸에서 조상의 가보들, 고리로 엮은 단단한
헤아도바르드 보물들이 번쩍이고 있었던 것입니다.
덴마크인들은 방패 - 전투에서 사랑하는 동지들과

29~30[120]

자신들의 목숨을 잃을 때까지, 무기들을
휘두를 수 있는 한, 그것들을 지니고 있었나이다.
그때 주연석에서 그 보물을 본 한 사람,
창에 찔려 죽은 모든 이들을 기억하는
한 고령의 창병(槍兵)이 분노에 차서
입을 열었나니, 슬픔에 잠긴 그는 한 젊은 용사의
마음속 생각을 시험하고 그의 투쟁심을
선동하기 시작하며 이렇게 말했던 것이옵니다:

---

120 원본에는 제29장과 제30장의 구분이 명시되어 있지 않다. 2039~2143행에서는 베오울프의 원정 보고와 함께 헤아도바르드 삽화가 계속 이어진다.

'내 벗이여, 그대는 저 검을 알아보겠소?
그대의 선친께서 투구를 쓰고 마지막 전투에
나갈 때 가져갔던 저 소중한 검을 말이오.
그 전투에서 덴마크인들은 그를 살해했으며,
우리 용사들이 쓰러지고, 위더길드[121]마저 죽자,
용맹스러운 덴마크인들이 전장을 점령했었소.
이제 그 살해자 중 누군가의 아들이
여기서 그 장식된 무기들을 뽐내며
홀 안에 들어와, 살인을 자랑하며, 그대가
당연히 가졌어야 할 그 보물을 차고 있소.'
이렇게 그는 기회 있을 때마다 쓰디쓴 말로
충동하고 상기시켜, 마침내 때가 오자,
왕비의 수행원은 제 아비의 소행으로 인해
칼에 맞아 목숨을 잃게 되어, 피로 물든 채
영면에 들어가게 되었으며, 그를 죽인 자는
지세에 정통하여 살아서 도망하게 되옵니다.
이리하여 양국 간에 맺은 귀족들의 맹세는
깨어지게 되었나니, 잉겔드의 마음속에서는

---

[121] 위더길드(Withergyld) : 헤아도바르드 군대의 지도자로서 이 전투의 사령관이었을 것으로 추측된다.

무서운 증오심이 솟구쳤고, 들끓는 슬픔 때문에
자기 부인에 대한 사랑마저 식어버렸나이다.
따라서 저는 헤아도바르드인들의 충성심도,
덴마크인들과 맺은 동맹관계도, 진실성도,
확고한 우정도 믿지 않나이다.
이제부터 다시
그렌델에 관한 이야기를 계속하여, 우리 둘이
어떻게 맨손으로 싸웠는지, 보물 분배자인
전하께 알려드리겠나이다. 하늘의 보석[122]이
지상의 활주를 마친 후 저녁이 되면, 그 성난
무시무시한 악마가 우리를 공격하기 위해서
우리가 안전하게 회관을 지키는 곳에 왔나이다.
그 전투는 운이 다한 혼드쉬오[123]에게 치명적이고도
무서운 격투였나니, 무장한 그 용사는 가장 먼저
쓰러져 목숨을 잃었고, 식인마(食人魔) 그렌델은
그 유명한 젊은 용사에게 다가와 총애받는
그의 죽은 몸을 통째로 삼켜버렸나이다.
게다가 살해자는 피 묻은 이빨을 드러내며,

---

[122] '하늘의 보석'(heaven's gem) : 태양을 가리키는 케닝의 예.
[123] 혼드쉬오(Hondscio) : 예이츠의 용사로서, 베오울프의 동지 중 하나.

그곳을 파괴할 목적으로, 즉시 빈손으로
황금 회관을 떠나려고 하지 않았으며,
힘이 세기로 소문난 그는 저를 시험하며
잽싸게 붙잡았나이다. 크고 놀라운 주머니[124]가
정교하게 만든 걸쇠로 단단히 걸려 있었나니,
그것은 전부 악마의 기술과 용 가죽으로
교묘하게 만들어진 것이었나이다.
그 뻔뻔한 악행자는 죄 없는 저를
많은 다른 사람들과 함께 주머니 속에
집어넣으려고 했지만, 제가 분기충천하여
똑바로 서 있었기에 그렇게 할 수 없었나이다.
제가 어떻게 그 백성의 원수가 저지른 악행을
일일이 보복했는지 말씀드리자면 너무 깁니다만,
저의 군주시여, 저는 거기서 무훈(武勳)을 세워
전하 백성의 명예를 드높였나이다. 그는 도망쳐

---

124 주머니 : 고대 영어 'glof'를 직역하면 장갑(glove)이 되지만, 여기서는 문맥상 주머니로 해석하는 것이 더 좋을 듯하다. 그렌델의 주머니에 대한 언급은 이곳이 유일하다. 참고로 북유럽 신화에서는 거대한 장갑이 거인들의 특징적인 소유물로 되어 있는데, 이는 토르(Thor)가 스크리미르(Skrymir)의 장갑 속에서 잠을 잤다는 이야기에서 유래되었다. 토르는 번개, 비, 농사의 신으로서, 염소가 끄는 2륜차를 타고 철퇴를 휘두르는 모습으로 나타난다. 스크리미르는 토르를 거인족이 사는 외계, 요툰하임(Jotunheim)으로 데려갔다는 거인의 이름이다.

잠시 동안 살아 있는 기쁨을 누렸지만,
패전의 증거인 오른손은 그가 떠난 후에도
헤오로트에 남아 있었으니, 그는 굴욕감으로
슬픔에 잠겨 호수 밑바닥으로 뛰어들었나이다.
다음 날 아침이 찾아와 우리가 주연석에
둘러앉았을 때, 덴마크의 군주께서는
혈전에 대한 보상으로, 저에게 많은 판금과
많은 보물을 아낌없이 하사하셨나이다.
거기서 이야기도 하며 즐거운 시간을 보냈나니,
견문이 넓은 노령의 왕은 옛이야기를 하셨으며,
때로는 한 용감한 전사[125]가 목제 하프를 타며
기쁜 가락을 노래하거나, 때로는 슬픈 실화를
들려주었고, 마음씨가 고상한 왕은 이따금
기이한 이야기를 올바르게 해석하셨나이다.
또 때로는 나이 든 역전(歷戰)의 노병이
사라진 젊음과 전투력을 다시금 슬퍼하기
시작했나니, 세월로 현명해진 그가 지난 일들을
떠올리자, 마음이 북받쳐 올랐던 것이옵니다.

---

[125] 2105~2114행 : 주연석에서 이야기를 하거나, 악기를 연주하는 사람들을 모두 덴마크의 왕으로 해석하기도 하는데, 이 모든 사람을 왕으로 해석하는 것은 다소 부자연스러워 보인다.

그렇게 우리는 또 다른 밤이 우리에게
찾아오기까지, 온종일 회관 안에서
즐겁게 보냈나이다. 밤이 되자 갑자기
슬픔에 잠긴 그렌델 어미가 복수를 준비하고
나타났으니, 예이츠인들의 전쟁-원한이 아들을
죽음으로 내몰았기 때문이옵니다. 그 암괴물은
아들에 대한 복수로 대담하게 한 용사를
죽였나니, 바로 나이 든 현명한 에쉬헤레가
이렇게 목숨을 잃게 된 것이옵니다.
아침이 왔을 때, 덴마크인들은 고인이 된
사랑하는 사람을 불 속에서 태울 수도,
화장용 장작더미에 올려놓을 수도 없었나니,
그녀가 시신을 원수인 자기 품에 껴안고
산 개울 밑으로 데려갔기 때문이옵니다.
그것은 백성의 군주 흐로드가르가 오랫동안
겪은 슬픔들 중 가장 쓰라린 것이었나이다.
이리하여 상심한 군주께서는 전하의 이름으로
제게 간청하시길, 요동치는 물속에 들어가
영웅적 행동을 통해, 목숨 걸고 영광스러운
무훈을 세우라 하셨고, 보상을 약속하셨나이다.
그러자 저는 잘 알려진 것처럼 솟구치는 물속에서

무섭고도 사나운 호수 지킴이를 발견했나이다.
거기서 우리 둘은 한동안 맨손으로 싸웠고,
물은 피로 들끓었나이다. 저는 전투-홀에서
강력한 칼로 그렌델 어미의 머리를
잘라버렸으며, 거기서 가까스로 살아났으니,
아직 죽을 운명이 아니었던 것이옵니다.
헤알프데인의 아들인 용사들의 수호자께서는
다시금 저에게 많은 보물을 하사하셨나이다.

31 원정담의 종료; 왕이 된 베오울프(2144~2220)

"이렇게 백성의 왕은 올바르게 사셨으며,
저는 제 힘의 대가인 보상을 전혀 잃지
않았나니, 헤알프데인의 아드님께서는
제가 택하는 대로 선물들을 주셨나이다.
영웅-왕이시여, 이것들을 가져와 제 선의의
표시로 전하께 바치옵니다. 모든 것은 여전히
전하의 은혜이오니, 히엘락 왕이시여, 제게는
전하 외엔 가까운 친척도 거의 없나이다."
그러고 나서 그는 수퇘지가 그려진 군기,

전투 때마다 우뚝 솟는 투구, 회색빛 갑옷,
값진 전투-검을 가져오라 명했고, 말을 이어갔도다.
“현명하신 흐로드가르 왕께서 이 전투복을
제게 주시며, 제일 먼저 전하께 그의 선물에
관해서 말씀드리라고 분부하셨나이다.
그분이 말씀하시기를, 이것은 덴마크의 군주,
헤오로가르 왕[126]이 오래 간직했던 것으로,
그는 자신에게 충성을 바친, 용감한 아들
헤오로웨아르드[127]에게조차 이 갑옷을 주지
않았다 하옵니다. 이 모든 것을 잘 사용하소서!”
내가 듣기로, 그 보물 다음으로 날쌔고,
모두 똑같이 생긴, 사과 빛 적갈색 말 네 필이
따라 나왔다고 하니, 그는 군마들과 보물들을
왕께 드린 것이라. 친족은 마땅히 그래야 할지니,
타인을 해치고자 비밀스러운 술책으로
악의적인 그물을 짜거나, 동지들을 죽음으로
몰아넣어서는 안 되느니라. 조카 베오울프는
강한 전사 히엘락 왕께 매우 충성스러웠고,

126 헤오로가르 : 헤알프데인의 장자, 즉 흐로드가르의 형. 이 작품의 제일 앞부분인 61행에서 헤알프데인의 자녀들이 언급된다.

127 헤오로웨아르드(Heoroweard) : 헤오로가르의 아들.

두 사람 모두 상대방의 유익을 구하였도다.
내가 듣기로, 베오울프는 왕의 딸, 웨알데오우가
자기에게 준, 놀랍도록 화려한 보석 목걸이를
히이드에게 주었으며, 밝은 안장이 달린
유순한 말 세 필도 함께 주었나니, 그 후
그녀의 가슴에서는 목걸이가 빛났도다.
　이렇게 에찌데오우의 아들은 용기를 입증했고,
전투는 물론, 선행으로도 이름났으며, 명예를 좇아
행했나니, 술 취한 한솥밥 동지들을 죽이는 일은
전혀 없었도다. 그의 마음은 온화했고,
전투에 용감한 그였지만, 하나님께서 주신
풍성한 선물[128]을 가장 위대한 능력으로
지켜냈도다. 그는 오래 무시당해 왔기에,
예이츠 백성도 그를 훌륭하게 여기지 않았고,
예이츠의 군주 역시 그를 주연석에서
큰 영예를 얻을 만한 자로 여기지 않았나니,
그들은 진실로 그를 게으르고 나약한 왕자[129]로

---

128 '풍성한 선물' : 1271행에 언급된 베오울프의 천부적 재능들을 상기시킨다.

129 베오울프가 어린 시절에 장래성 없는 젊은이였다는 이곳의 내용은, 그와 브레카 사이의 수영 시합에 관한 베오울프 자신의 언급과 배치된다.

여겼도다. 그러나 이제 모든 평가절하의
반전이 그 영광스러운 자에게 찾아왔도다.
　그때 전쟁으로 이름난 왕이요, 용사들의
수호자는 금장식을 한 흐레델의 보검을
가져오라 명했도다. 당시 예이츠인들이 가진
보물 중 이보다 더 훌륭한 보검은 없었나니,
왕은 그 검을 베오울프의 무릎 위에 놓았고,
또한 그에게 7천 하이드[130]의 토지와
회관과 왕좌도 주었도다. 그 나라의 토지,
즉 거주지와 조상의 영토가 두 사람[131]에게
상속되었으나, 신분이 더 높은 자[132]에게
더 넓은 왕국이 주어졌도다.

---

130 하이드(hide) : 고대 영국에서 사용한 토지 측량 단위로, 1하이드는 80~120에이커(acre)에 해당했다.

131 히엘락과 베오울프.

132 히엘락.

제 2 부

베오울프와 용의 싸움

* 2200행부터는 이 시의 제2부가 시작된다. 제1부가 베오울프와 그렌델의 전투를 기술한다면, 제2부는 베오울프와 화룡(fire dragon)의 전투를 다룬다. 그런데 원본에는 이러한 구분이 명확히 표시되어 있지 않다. 또한, 제2부의 이야기 흐름은 여러 삽화에 의해 자주 단절된다.

그 후 훗날의 격돌하는 전투에서
이런 일들이 일어났으니, 히엘락은 죽고,
용감한 전사들인 스웨덴인들이
승전국에 있는 헤아르드레드를
찾아와 맹렬한 공격을 퍼부어,[1]

---

[1] 제2부에서는 예이츠인들과 스웨덴인들의 해묵은 불화가 여러 차례에 걸쳐 산발적으로 언급되는데, 이야기가 연대순을 따르지 않을뿐더러 때로는 암시적이어서 독자의 입장에서 그 핵심을 파악하기가 매우 어렵게 되어 있다. 두 민족 간의 다툼을 연대순으로 요약하면 아래와 같다.

1. 예이츠의 왕 흐레델이 죽은 후(2462~2470행), 스웨덴 왕 온겐데오우의 두 아들, 오흐트헤레(Ohthere)와 오넬라가 예이츠 영토를 침공하여 흐레오즈나 언덕의 전투에서 끔찍한 학살을 자행한다(2472~2478행).
2. 이에 부왕 흐레델을 계승하여 예이츠의 왕이 된 해드킨(Haethcyn)이 스웨덴을 침공한다. 레이븐스우드(Ravenswood) 전투에서 예이츠인들은 온겐데오우의 왕비를 잡지만, 온겐데오우가 반격하여 그녀를 구출하고 해드킨을 죽인다. 그러자 해드킨의 동생, 히엘락이 증원군을 이끌고 참전하여, 히엘락의 부하 두 사람에 의해 온겐데오우는 살해당하고, 스웨덴군은 도주한다(2479~2489행; 2922~2990행).
3. 오흐트헤레가 죽자, 그의 두 아들, 에안문드(Eanmund)와 에아드길스(Eadgils)는 스웨덴의 왕이 된 삼촌, 오넬라에 의해 추방당한다. 그들은 예이츠 국으로 와서, 히엘락에 이어 왕이 된 그의 아들, 헤아르드레드(Heardred)의 보호를 받게 된다. 그러나 오넬라가 예이츠 영토를 침공하여 헤아르드레드를 죽이고, 그의 가신인 웨오흐스탄(Weohstan 또는 Wihstan)은 에안문드를 죽인다. 스웨덴 사람들이 물러간 후 베오울프가 왕이 된다(2379~2390행; 2204~2208행).
4. 한편 에아드길스는 베오울프의 지원을 받아 스웨덴을 침공하여 오넬라를 죽인다(2391~2396행).
5. 이 시의 끝 부분에서 베오울프의 죽음을 알리는 예이츠의 전령사는, '베오울프가 죽은 사실을 알게 되면 스웨덴인들은 예이츠를 침공할

방패 뒤에 숨은 헤레릭[2]의 조카,
헤아르드레드를 전투 - 검으로 죽였도다.
그리하여 광대한 왕국[3]이 베오울프의
수중에 들어가게 되었나니, 그는 50년간
나라를 잘 다스렸고, 당시 현명한 왕이요
연로한 조국 수호자였도다. 그러나 그 후
황야 고지에서 보고(寶庫)인 가파른 돌무덤을
지키던 어떤 용이 야음을 틈타 그곳을
지배하기 시작했고, 사람들에게 알려지지 않은
비밀 통로가 그 밑으로 나 있었도다. 그러나
그 이교도의 보고에 가까이 다가갔던
어떤 사람이 그 안으로 들어가, 보석 장식의
큰 술잔을 취했도다. 용은 비록 잠든 사이에
도둑의 간계에 속아 넘어갔지만, 그 후
이 사실을 은폐하지 않았나니, 백성들과
이웃들은 용이 진노했음을 알게 되었도다.

것이다'라고 예견한다(2999~3007행).

2 헤레릭(Hereric) : 히엘락의 왕비인 히이드의 오라버니로서 헤아르드레드의 외삼촌이다.

3 이 시의 마지막 페이지(Folio 198)와 더불어, Folio 179(2207~2250행)는 전체 원본 중 가장 심하게 훼손된 부분이다. 어떤 글자들은 전혀 알아볼 수 없는 반면, 어떤 글자들은 편집자들의 추측에 근거하여 복원되었다.

32 보고(寶庫)의 유래(2221~2311)

용의 보고를 침입하여 용을 진노케 했던
그는 일부러 그런 것이 아니었나니,
그는 어떤 용사의 아들들의 노예로서
죄짓고 괴로운 처지에서 무서운 매를 피해
달아날 곳이 절실히 필요했기에 그 안으로
들어갔던 것이라. 안을 둘러보자마자
그는 · · · 공포에 사로잡혔도다.
그러나 이 비참한 자는 · · · · · ·
· · · · · · 갑작스러운 위험에
· · · · · · 혼비백산하여 귀중한 컵을 갖고
도망쳤도다 · · ·
그 지하 보고에는
또 다른 많은 옛 보물들이 있었나니,
이것들은, 옛날 옛적에 어떤 사람이
고귀한 종족의 막대한 유산으로 받은
귀중한 보물들을 땅속에 조심스레
숨겨놓은 것들이라. 모든 사람은 오래전
죽음을 맞이했고, 가신 중 가장 오래
살아남은 생존자는 보고 지킴이가 되어

벗들의 죽음을 애도하며, 자신도 오래 저장된
옛 보물들을 잠시 즐긴 후, 그들과 같은
운명을 맞으리라 예상했도다. 새 무덤 하나가
파도가 들이치는 갑(岬) 근처에 서 있었는데,
접근이 어렵도록 기술적으로 단단히 지어졌도다.
그 보고 지킴이는 보관할 가치가 있는
다량의 보물들과 금붙이들을 그 안으로
옮겨 놓으며, 몇 마디 말을 덧붙였도다:
"대지여, 이제, 용사들은 지킬 수 없는
귀족들의 재산을 지키시오! 진실로, 이전에
훌륭한 이들은 이것을 그대에게서 얻었소.
전사(戰死), 그 무섭고 참혹한 악이 내 동포를
모두 데려갔나니, 회관의 기쁨을 맛본 내 백성이
모두 목숨을 잃었소. 내게는 검을 찬 용사도,
소중한 술잔인 금장식의 잔을 윤나게 닦아줄
이도 없나니, 가신들은 모두 딴 곳으로 가버렸소.
금으로 아름답게 만든 단단한 투구의 금 조각은
떨어져 나갈 것이고, 투구에 광을 내야 할
투구 닦는 사람들은 모두 영면에 들어갔소.
또한, 숱한 전투에서 방패가 부서진 후에도
칼의 타격을 막아낸 쇠미늘 갑옷도 용사와 함께

산산이 부서졌소. 고리를 엮어 만든 흉부 갑옷도
용사들과 나란히 누운 전투 대장을 떠나
멀리 가지 못했다오. 하프의 즐거운 연주도,
목관악기의 기쁜 곡조도, 회관 안을 빙빙
선회하는 훌륭한 매도, 궁전 뜰을 쿵쿵 걷는
빠른 군마도 없다오. 불길한 죽음이 숱한
종족들을 모조리 떠나보냈던 것이오."
이리하여 슬픔에 잠긴 그 유일한 생존자는
자기 처지에 대해 넋두리했고, 죽음의 물결이
가슴에 찰 때까지, 밤낮으로 서글픈 신세를
한탄하며 떠돌았도다. 그러자 옛적 밤의 약탈자는
제 기쁨의 보물 창고가 열린 것을 알게 되었는데,
그 용은 불을 내뿜으며 무덤을 찾아다니고,
살갗이 매끈매끈한 그 악한 용은 화염에 휩싸여
밤중에 날아다니므로, 지상에 거주하는 사람들은
그를 매우 두려워하도다. 그는 땅속 보고를
찾아가서 오랜 세월 동안 이교도의 황금을 지키게
될 것이나, 그런다고 더 나을 것이 없으리라.
　이렇게 백성들의 적은 엄청나게 큰 보고를
땅속에 두고 300년 동안 지켰으나, 마침내
어떤 침입자가 나타나 그의 마음에 분노를

일으켰던 것이라. 그 사람은 금도금한 잔을
제 주인에게 갖고 가서 화해의 언약 맺기를
간청했도다.[4] 그 후 그 보고는 약탈당하여,
보물의 수효는 감소했고, 그 비참한 자의
간청은 받아들여졌으며, 그 주인은 처음으로
옛사람들의 수공품을 보게 되었도다.
그때 용은 잠을 깼고, 싸움이 재개되었으니,
끈질긴 용은 바위 사이를 샅샅이 훑어
적의 발자국을 찾아냈는데, 도둑은 몰래
용의 머리 너무 가까이 접근했던 것이라.
아직 죽을 운명에 놓이지 않고, 하나님의
은총을 받은 자는 어려움과 불행을 쉽사리
이겨낼 수 있는 법! 보고 지킴이는 자는 동안
자기에게 큰 해를 입힌 사람을 찾아내고자
땅을 샅샅이 뒤지며 열심히 돌아다녔나니,
열을 받고 화가 난 용은 무덤 밖으로 나가
돌고 또 돌아다녔도다. 그 황무지에는
아무도 없었지만, 호전적인 용은 전투라도

---

[4] 이 사람은 앞의 2223~2226행에서 언급된 노예로서, 그는 용의 보고에서 훔친 잔을 자기 주인에게 갖다 바치며 용서를 구한다. 그는 용서를 받게 되고, 이 잔은 훗날 베오울프에게 주어진다(2404행 이하 참조).

벌이듯 했고, 이따금 무덤에 되돌아가
소중한 잔을 찾아보기도 했지만, 누군가가
그 황금, 놀라운 보물에 함부로 손댔음을
곧 알아챘을 뿐이었도다. 그 보물 지킴이는
안절부절못하며 저녁이 오기를 기다렸나니,
그 무서운 무덤의 파수꾼은 마침내
분기탱천하여, 소중한 술잔 분실을 화염으로
앙갚음하고자 했도다. 그러자 기쁘게도
날이 저물었고, 용은 더 이상 벽 내부에
있고자 하지 않았고, 준비된 화염, 불을 뿜으며
전진했도다. 그 시작은 그 땅의 주민들에게
끔찍했나니, 그것은 그들의 보물 하사자[5]의
슬픈 종말을 재촉하는 것이었기 때문이라.

33 용과의 격투를 결심한 베오울프(2312~2390)

이제 그 악마는 불을 토해내어 빛나는 거처들을
태우기 시작했나니, 번뜩이는 불꽃은 하늘로 치솟고

---

5 베오울프.

사람들은 겁에 질렸도다. 날아다니는 무서운 용은
아무것도 살려 놓으려 하지 않았기 때문이라.
용의 전투 모습은 사방에서 볼 수 있었나니,
그 호전적 약탈자가 어떻게 예이츠 백성들을
괴롭히고 해치는지, 잔혹하도록 적의에 찬 파괴를
원근 각처에서 볼 수 있었도다. 날이 밝기 전,
그는 숨겨진 찬란한 보고로 쏜살같이 돌아갔도다.
그는 화염과 타오르는 불꽃이 이글거리는 화재로
그 땅 주민들을 에워쌌고, 자기 무덤, 전투력,
방어벽을 의지했으나, 그 기대는 그를 저버렸도다.

그러자 그 참상, 즉 베오울프 자신의 집인
가장 훌륭한 건물, 예이츠 국의 왕좌가 모두
치솟는 화염으로 녹아버렸다는 냉엄한 사실이
신속히 그에게 알려졌도다. 그것은 그 훌륭한 왕을
심적 고통으로 몰아갔고, 큰 슬픔을 야기했도다.
그 현명한 자는 그가 옛 법칙을 어김으로써
통치자이신 영원한 주님을 매우 노엽게 했다고
생각했나니, 그의 가슴 속에서는 평소에 없던
암담한 생각이 끓어오르고 있었도다.
그 화룡(火龍)은 백성들의 성채,
바다에 접한 육지, 그리고 요새를

화염으로 파괴했으며, 그래서 전쟁에 능한 왕,
예이츠인들의 군주는 복수를 계획했도다.
용사들의 수호자요, 귀인들의 군주는
전부 철로 된 놀랄만한 전투 - 방패를
만들도록 명령했도다. 그는 보리수로 만든
목제 방패가 화염에서 그를 지킬 수 없음을
너무 잘 알았던 것이라. 예부터 훌륭한 군주는
이 세상에서의 삶, 그 덧없는 나날의 종말을
맞이하게 되었고, 용 또한, 비록 오랫동안
저장된 보물을 지켜왔지만, 같은 운명이었도다.
그러나 금고리의 왕은 한 무리의 군사, 대군을
이끌고 멀리 날아가는 용을 공격하는 것을
수치스럽게 생각했고, 스스로 전투를 겁내지도,
용의 전투력과 힘과 용기를 대수롭게
여기지도 않았나니, 승리의 용사인 그가
이전에 흐로드가르의 홀을 정화시키고,
격투에서 혐오스러운 종족 그렌델의 친족을
죽인 후에도, 격전을 치르며 수많은
난관들과 시련들과 고통들을 겪고
살아남았기 때문이라.

히엘락이 전사한

전투는 가장 시시한 육박전이 아니었나니,
그때 예이츠의 왕, 백성의 친구 같은 군주,
흐레델의 후손인 그는 프리슬란트에서
격전을 벌이던 중 피에 굶주린 칼에 맞아
죽은 것이라. 그러나 베오울프는 제 힘으로
그곳을 빠져나와 헤엄쳐 돌아왔나니,
그가 바다로 나갔을 때, 그의 팔에는
30명분의 전투-장비가 걸려 있었도다.
보리수나무 방패를 들고 그에 맞섰던
헤트와레[6]인들은 도보전(徒步戰)에서
기뻐할 이유가 없었으니, 그 용사로부터
살아서 집에 돌아간 자가 거의 없었음이라!
그 후 쓸쓸하고 외로운 에찌데오우의 아들은
드넓은 바다를 헤엄쳐 그의 백성에게 돌아갔고,
거기서 히이드는 그에게 보물 창고와 왕국,
금고리와 왕좌를 수여했나니, 그녀는 히엘락이
죽은 지금, 자기 아들이 외국의 침입으로부터
선조의 왕좌를 지킬 수 있으리라 믿지 않았도다.

---

6 헤트와레(Hetware) : 게르만계인 프랑크 왕국(Franks)의 한 종족으로서 라인 강 하류에 거주했다. 히엘락이 프리슬란트를 침략했을 당시 이들은 프리슬란트의 동맹군이었다.

그러나 그 가련한 백성은 아무리 애를 써도
베오울프에게서, 헤아르드레드 위에 군림하여
그의 군주가 된다거나, 왕권을 수락하는
문제에 관해 동의를 얻어낼 수 없었고,[7]
오히려 그는 헤아르드레드가 예이츠의 통치자로
장성하기까지 우호적인 조언, 선의, 경의로써
백성들 가운데 그를 보필했도다.
그때,
추방된 오흐트헤레의 아들들[8]이 바다 건너
그에게로 왔나니, 그들은 스웨덴의 수호자,
즉 스웨덴 왕국에서 보물을 하사했던
바다의 제왕 중 가장 탁월하고 유명한 군주에게
반항했던 것이라. 그로 인해 히엘락의 아들은
삶의 종말을 맞았으니, 그는 환대의 대가로
칼에 맞아 치명상을 입었던 것이라.
헤아르드레드가 죽은 후 온겐데오우의 아들[9]은
고국으로 돌아가고자 그곳을 떠나며,

---

7 베오울프는, 합법적인 왕위 계승자 헤아르드레드 대신에 왕이 되기를 거절했고, 그가 죽은 후에야 예이츠의 왕이 되었다.

8 제2부의 각주 1번을 참조하라.

9 오넬라.

베오울프로 하여금 왕위에 올라 예이츠 국을
통치하게 하였도다. 그는 훌륭한 왕이었도다.

34 베오울프의 고별사(2391~2459)

훗날 베오울프는 그의 군주의 죽음에 대한
복수를 염두에 두었고, 가련한 에아드길스의
친구가 되었으며, 드넓은 바다 건너 인력과
군대와 무기들을 보내 오흐트헤레의 아들을
지원하였도다. 그 후 그는 적에게 슬픔을 안겨주는
공격으로 오넬라를 죽여 복수를 감행했도다.
이렇게 에찌데오우의 아들은 모든 전투와
위험했던 여러 격전에서 위용을 떨치고
살아남았으나, 마침내 용과의 일전을
불사해야 하는 날이 오고야 말았도다.
그때 예이츠 군주는 열 한 명의 동지들을
거느리고 노기등등하여 용을 보러 갔는데,
그는 사람들에게 닥친 재난, 그 불화가 어떻게
발생했는지 알았었고, 그 유명한 소중한 잔은
제보자[10]의 손을 거쳐 그의 소유가 되었도다.

그 제보자는 일행의 열세 번째 사람으로서
이 모든 분쟁을 일으킨 장본인이었나니,
비탄에 잠긴 그 가엾은 노예는 거기서부터
그 장소까지 안내해야 했도다. 그는 원치 않았지만
파도가 휘몰아치고, 물결이 요동치는 바다
근처의 지하 무덤, 그만이 아는 어떤 동굴이
있는 곳까지 갔는데, 그 내부는 장식품과
금속 띠들로 가득 차 있었도다. 늙고 섬뜩한
보고 지킴이는 임전 태세를 갖추고 지하의
보물을 지키고 있었으니, 그것을 획득하기는
어느 누구에게도 쉬운 일이 아니었도다.
그러자 역전의 용장, 왕은 절벽 위에 앉았고,
그 예이츠의 보물 하사자는 한솥밥 동지들에게
행운을 빌었도다. 그는 마음 깊이 슬퍼했으며,
불안했지만 죽을 각오는 되어 있었나니,
노인에게 다가와 영혼의 저장고를 노리고
생명을 육체로부터 분리시키는 운명이 바로
코앞에 닥쳐왔던 것이라. 군주의 영혼은
머지않아 육체를 떠나게 될 것이었도다.

---

10 그 잔을 훔친 노예.

에찌데오우의 아들, 베오울프는 말했도다:
“짐은 젊은 시절에 수많은 전시(戰時)를 겪었고
포화(砲火)에서 살아났으며, 그 모두를 잘 기억하노라.
내가 7세 때, 보물의 군주, 즉 백성의 군주요 벗인
왕께서는 나를 내 아버지로부터 데려가셨소.[11]
흐레델 왕은 나를 맡아 기르시며, 혈족 관계를
기억하시어 보물도 주셨고 잔치도 베풀어주셨소.
그 집안의 한 남자로서 나는, 그의 아들들[12]인
헤레베알드와 해드킨, 혹은 나의 히엘락 왕보다
더 미움을 받는 일 따위는 전혀 없었다오.
한 혈족의 행위로 장남이 예기치 않게
난폭한 죽음의 침상에 눕게 되었다오.
해드킨이 쏜, 뿔로 만든 활의 화살이
과녁을 빗나가 그의 군주이자 절친한 벗인
친족을 맞혔나니, 한 형제가 다른 형제를

---

[11] 스칸디나비아(Scandinavia)에서는 자녀가 7세가 되면, 종종 훈육을 위해 남의 집에 보내어 얼마 동안 살게 했다. 이는 예전에 우리나라에도 있었던 풍습이다.

[12] 흐레델 왕의 세 아들: 장남 헤레베알드(Herebeald), 차남 해드킨, 삼남 히엘락. 또한, 흐레델에게는 딸이 하나 있었는데, 그 외동딸이 에찌데오우와 결혼하여, 그들에게서 베오울프가 태어났다. 따라서 흐레델은 베오울프의 외조부가 된다.

잔인한 활로 쏘아 죽게 만든 것이오.
그것은 돈으로 속죄할 수 없는 범죄 행위요,
마음을 야위게 하는 큰 과오였으나, 그럼에도
왕자는 복수할 길도 없이 목숨을 잃고 말았소.[13]

만약 젊은 아들이 교수대에 매달리게 된다면
연로하신 왕께는 감당하기 어려운 슬픈 일이
될 것이니, 아들이 교수대에 매달려 까마귀를
만족케 하는 신세가 된다면, 그는 슬픈 노래를
읊게 될 것이며, 아들에게 아무 도움도 못 되고,
노년의 지혜는 아무 쓸모가 없어질 것이오.
아침이면 언제나 그는 아들이 다른 세상으로
떠났다는 것을 상기했고, 이제 장자가
죽음의 고통을 통해 모든 행위의 종말을
맞이한 터에, 그의 집안에서 또 다른
후손의 탄생을 기대하지 않게 되었소.
슬픔에 잠긴 왕은 죽은 아들의 방에서
텅 빈 주연 홀, 기쁨이 사라지고 바람이 휩쓰는

13 실수에 의한 살인이라 할지라도 돈으로 보상하거나 복수를 하는 것이 당시의 관습이었다. 그러나 흐레델 왕은 바로 자신의 아들들이 연루된 일인지라 관습대로 이 사건을 해결할 수 없었고, 깊은 슬픔에 잠길 수밖에 없었다.

안식처를 바라보나니, 기수들은 잠들어 있고,
용사들은 무덤 속에 있으며, 집안에는 옛날에
흘러넘치던 하프 소리도, 즐거움도 없게 되었다오.

35 베오울프의 고별사 〈계속〉; 용과의 격투(2460~2601)

"이리하여 외로운 왕은 침상에 누워 고인을 위해
애가를 부르는데, 그에게는 영토도 주거지도 모두
너무 넓게만 보였소.
이렇게 에이츠의 수호자는
헤레베알드를 향한 끓어오르는 슬픔을
마음속에 간직했으며, 어떤 방식으로도
살해자[14]와의 불화를 해결할 수 없었고,
그를 사랑하지도 않았지만, 그가 저지른
적대 행위로 인해 처벌할 수도 없었다오.
그는 자기에게 닥친 심장을 에이는 슬픔 때문에
인생의 기쁨을 저버리고 하나님의 빛을 택했고,

---

14 헤레베알드를 죽인 해드킨.

이 세상을 떠날 때, 부자들이 흔히 하듯,
토지와 마을들을 아들들에게 물려주었소.
　그리하여 흐레델이 죽은 후, 광대한 바다 건너
스웨덴인과 예이츠인들 사이에 적개심, 투쟁,
교전, 그리고 심한 적대감이 자리 잡게 되었으며,
온겐데오우의 아들들은 용맹하고 전쟁에 능했기에
바다 넘어 나라와 우호 관계를 원치 않았고,
외려 종종 흐레오즈나베오르흐[15] 근처에서
끔찍하고도 사악한 학살을 자행하였소.
잘 알려진 것처럼, 나의 친족이자 벗들[16]은
그 싸움과 악행들에 대해 복수를 했으나,
그것은 혹독한 거래였으니, 그중 한 사람은
목숨으로 값을 치렀소. 그 전투는 예이츠의
군주 해드킨에게는 치명적인 것이었다오.
또 다음 날 아침, 온겐데오우가 에오보르를
공격할 때, 또 다른 친족[17]이 칼끝으로

---

15 흐레오즈나베오르흐(Hreosnabeorh) : '흐레오즈나 언덕(beorh)'이라는 뜻으로, 예이츠 땅에 있는 언덕 이름.

16 해드킨과 히엘락.

17 히엘락. 그러나 앞서(제1부의 각주 117번) 설명했듯이, 온겐데오우를 살해한 자는 히엘락이 아니라 그의 군사 에오보르였다. 2924행 이하, 특히 이 사건을 매우 상세히 묘사하는 2961~2981행을 참조하라.

해드킨의 살해자를 죽여 원수를 갚았다고 들었소.
그의 전투-투구는 갈라졌고, 늙은 스웨덴인은
치명상을 입고 쓰러졌나니, 전투로 못이 박힌
손으로도 치명적 타격을 막아낼 수 없었다오.
　히엘락 왕이 내게 하사한 보물에 대해서는,
운명이 허락하셨기에, 전투에서 빛나는 검으로
보답을 했다오. 그는 내게 토지와 영토와
훌륭한 집을 주셨소. 그래서 기프다스[18]인이나
덴마크인들 또는 스웨덴 사람들 중에서
나보다 열등한 용사에게 값을 치르고
용병을 구할 필요가 없으셨던 것이오.
나는 언제나 그보다 앞장서서,
전선의 맨 앞에서 행군하곤 했소.
그리고 내가 역전 노장들의 면전에서
프랑크의 대장 대이흐레븐[19]을 죽인 이래
항상 나와 함께 한 이 검이 지탱하는 한,

[18] 기프다스(Gifthas) : 고트족(Goths)과 관련이 있는 동 게르만족으로 일찍이 3세기에 비스튤라(Vistula) 어귀를 떠나 다뉴브(Danube) 하류의 북부 지역에 정착했다.

[19] 여기서 또다시 히엘락의 프랑크 원정이 언급된다. 이 원정에서 히엘락을 죽인 것으로 추정되는 데이흐레븐(Daeghrefn)은 베오울프에 의해 죽임을 당하고, 그 후 그의 칼은 베오울프의 차지가 된다.

앞으로도 영원토록 그렇게 싸울 것이오.
그는 장식된 흉부 갑옷 같은 노획물들을
프리슬란트 왕께 전혀 가져갈 수 없었나니,
군기의 수호자, 용감한 군주인 그가 전투에서
쓰러진 것이오. 그를 죽게 한 것은 칼이 아니라,
나의 맨손이 그의 심장박동을 멈추게 했고
그의 골격을 부숴버렸소. 이제 칼날과 내 손과
칼의 일격으로 용의 보고를 얻기 위해 싸울 것이오."
베오울프는 마지막으로 자랑스럽게
말했도다: "짐은 젊은 시절에 많은 전투에
참가했었노라. 이제는 나이 들었으나,
만약 그 사악한 약탈자가 지하 동굴을 나와
짐을 공격한다면, 백성의 현명한 수호자로서
전투를 하여 영예로운 이름을 얻고자 하노라."
그런 다음 그는 최후로 자신의 모든 가신들,
투구 쓴 용사들이자 친애하는 동지들에게
작별의 말을 했도다: "짐이 이전에 그렌델과
싸울 때처럼, 어떤 다른 방법으로 그 괴물과
맞붙어 명예롭게 싸울 수 있다면, 용과의 싸움에
아무 칼도, 무기도 가져가지 않을 것이오.
그러나 이 싸움에서 용은 뜨거운 전화(戰火),

유독한 입김을 내뿜을 것이기에, 짐은 방패와
갑옷으로 무장하였소. 그 동굴 지킴이로부터
한 발자국도 물러서지 않을 테고, 동굴 벽에서의
우리 싸움은 하나님이 모든 인간에게 정하신
운명에 따라 판가름날 거요. 짐은 각오가 되었고,
날아다니며 싸우는 용에 맞서 자랑하지 않겠소.
쇠미늘 갑옷으로 단단히 무장한 용사들이여,
동굴 위에 남아, 우리 둘 중 어느 누가
무시무시한 격투의 상처를 끝까지 더 잘
견뎌내는지 보도록 하시오. 이 괴물과 맞서
힘을 겨루고 영웅적 과업을 이뤄내는 일은
그대들의 몫도, 짐을 제외한 다른 사람들의
임무도 아니오. 짐은 스스로의 용기로 황금을
획득할 것이오. 그렇지 않으면 치명적 전투,
무서운 죽음이 그대들의 군주를 데려갈 것이오!"
그런 다음 투구를 쓰고 갑옷으로 무장한
그 용맹스런 용사는 창에 기대어 일어난 후
오직 한 사람, 자기 힘만 의지하고, 바위 절벽
밑으로 갔나니, 이는 겁쟁이는 할 수 없는 일이라!
훌륭하고 남자다운 덕목들을 갖췄으며,
보병들이 격돌하는 그토록 많은 전투에서

살아남은 그는, 그때 돌로 된 아치가 벽 옆에
서 있고, 동굴로부터 개울이 뿜어져 나오는 것을
보았도다. 그 치솟는 물줄기는 무서운 화염으로
뜨거웠나니, 그는 용의 화염 때문에
보물 창고 근처 움푹 꺼진 통로에서 화상을
입지 않고서는 잠시도 견딜 수 없었도다.
그러자 예이츠인들의 군주는 격노하여
소리를 질렀나니, 담대한 용사인 그는
고함을 쳤고, 회색 바위 밑으로 울려 퍼지는
그의 음성은 전투 중에도 또렷이 들렸도다.
용의 증오심이 촉발되었고, 그 보고 지킴이는
사람의 음성을 알아차렸나니, 이제 더 이상
화해를 청할 시간은 없었도다. 제일 먼저
괴물의 입김, 뜨거운 전투 열기가 바위 밖으로
확 뿜어져 나왔고, 대지는 진동했도다.
무덤 안에 들어간 예이츠인의 군주가
무섭고 낯선 괴물 쪽으로 방패를 돌리자,
둘둘 감긴 짐승은 자극받아 전의(戰意)를
불태우게 되었도다. 훌륭한 전쟁 - 왕은
어느 틈에 칼끝이 예리한 오래된 가보,
그의 검을 빼 들었나니, 두 무서운 적수는

각기 상대방에 대해 두려움을 느꼈도다.
용이 재빨리 제 몸을 휘감으며 도사렸을 때
백성들의 군주인 담대한 자는 높다란 방패에
기대서서, 무장한 채 기다리고 있었도다.
그러자 감긴 채 화염에 휩싸인 용은 미끄러지며
운명을 향해 달려갔도다. 그러나 그의 방패는
유명한 군주의 생명과 몸을 그가 원했던
것보다 잠깐밖에 보호해주지 못했으며,
난생처음으로 운명이 그에게 승전을
허락하지 않았기에, 그는 시간을 적절히
활용해야 했도다. 예이츠의 군주는 손을 쳐들어
가보인 검으로 얼룩덜룩한 색깔의 무서운 괴물을
힘껏 내리쳤지만, 빛나는 칼끝은 용의 뼈를
자르지 못했나니, 그 일격은 곤경에 처한
나라의 왕이 필요했던 만큼 충분히 강하지
못했기 때문이라. 그러자 그 무덤 지킴이는
타격을 받자마자 마음에 몹시 격분하여
살인적 화염을 내뿜었고, 그 전화(戰火)는
멀리 퍼졌도다. 예이츠인들의 황금 - 친구[20]는

20 '황금 - 친구'(gold-friend) : 백성들에게 황금을 나눠주는 친구 같은 군

영광스러운 승리를 자랑치 못했나니, 칼집에서 뺀,
예부터 훌륭했던 그 검은 기대에 어긋나게도
실패했던 것이라. 저 유명한 에찌데오우의
아들에게 있어, 자기 의지와 상관없이,
이 땅을 떠나고, 또 다른 세상에서
거해야 한다는 것은 결코 쉬운 여정이
아니었지만, 이렇게 모든 인간은 덧없는 나날을
포기해야 하느니라.
그 후 얼마 안 가서
두 전사는 또다시 맞대결을 하였도다.
보고 지킴이는 기운을 냈고, 심호흡으로 다시
가슴이 부풀었지만, 전에 왕국을 다스린 자는
화염에 둘러싸여 큰 곤경에 빠지게 되었노라.
귀족의 자제들인 그의 동지들은 그의 주변에서
전사답게 대동단결하여 자기들의 위치를
지키지 않았고, 그 대신 숲으로 도망쳐
목숨을 건졌도다. 그들 중 한 사람의 마음은
슬픔으로 차올랐나니, 생각이 바른 자는
어떤 일로도 혈연 관계를 저버리지 않는 법이라.

주라는 뜻.

36 위글라프의 지원과 베오울프의 부상(2602~2693)

그의 이름은 위글라프였고, 웨오흐스탄의 아들로,
칭송이 자자한 용사요, 스웨덴의 왕자이며,
앨프헤레의 친족이었도다.[21] 그는 자기 군주가
뜨거운 투구의 열기로 고통받는 것을 보았고,
그때, 베오울프가 전에 주었었던 풍부한 재산,
웨이문딩 가문의 부유한 거처, 부친의 소유였던
공유지의 모든 법적 권리 등을 기억해 내었도다.
그는 지체할 수 없어서, 한 손으론 노란 보리수나무
방패를 휘둘렀고, 다른 손으론 고검을 빼 들었나니,
그 칼은 오흐트헤레의 아들, 에안문드의 가보로

---

[21] 위글라프(Wiglaf)는 여기서 스웨덴 사람(2603행)인 동시에, 웨이문딩(Waegmunding. 2607행) 가문의 일원으로 소개된다. 웨이문딩은 예이츠 국의 한 지파로서 위글라프와 베오울프가 이 가문에 속한다. 스웨덴은 예이츠의 적국이다. 또 위글라프의 부친 웨오흐스탄(Weohstan)은 위흐스탄(Wihstan)으로 불리기도 하는데, 그는 스웨덴 국왕 오넬라의 신하로서 예이츠인들에 대항하여 싸운 사람이라고 소개된다. 그러나 한 가문이 어느 시점에서 충성의 대상을 바꾸기도 한다든가, 정략결혼에 의해 두 부족이 결합되는 사례 등을 고려할 때, 위글라프의 이중 정체성에는 문제가 없어 보인다. 앨프헤레(Aelfhere)에 대하여는 그가 위글라프의 친족이라는 것 외에는 별로 알려진 바가 없다.

알려져 있었는데, 웨오흐스탄이 벗 하나 없는
망명객 에안문드를 전투에서 그 칼끝으로
죽이고 나서, 빛나는 투구, 고리 달린 갑옷,
거인들이 만든 고검을 그의 친족[22]에게
갖다 주었던 것이라. 그러나 오넬라는 그 검과
친족의 무기들과 갑옷들을 웨오흐스탄에게
도로 주었고, 그가 자기 형의 아들을 죽였음에도,
그 전투에 대하여는 언급하지 않았도다.[23]
웨오흐스탄은 아들이 선친처럼 영웅적 업적을
이룰 수 있게 되기까지 오랜 세월 동안
장식된 전쟁 용구들, 검과 갑옷을 간직했으며,
그가 나이 들어 이승을 떠나 저세상으로 갈 때,
예이츠인들 중 위글라프에게 셀 수 없이 많은
각양 전쟁 용구들을 주었도다. 젊은 용사가
그의 고귀한 군주와 함께 전투에 참가하여
맹공격을 하게 된 것은 이것이 처음이었지만,

---

22 오넬라.

23 웨오흐스탄이 오넬라의 조카(에안문드)를 죽였다. 그러나 오넬라는 조카의 죽음을 애도하기는커녕, 자신의 왕위를 위태롭게 할 수도 있는 조카를 제거해 준 웨오흐스탄에게 보상을 한 것이다(제2부의 각주1번 참조).

그의 기백은 꺾이지 않았고, 친족의 보검도
격투에서 실패하지 않았나니, 용은 그들이
맞대결을 했을 때 그것을 알아차렸도다.
　슬픔에 잠긴 위글라프는 동지들에게
시의적절한 말로써 긴 연설을 했도다:
"나는 우리가 주연에 참가했던 때를 기억하오.
그때 우리는 주연 회관에서 금반지들을
주신 우리의 군주께 약속했었소,
만일 지금 같은 어려움이 그분께 닥친다면
투구와 단단한 검과 같은 무기들을 주신 것에
보답하겠노라고. 그래서 그는 이 원정을 위해
군대에서 그분의 뜻에 따라 우리를 선발했고,
우리를 영광스러운 일에 합당하게 여기시어
보물들을 주셨소. 우리를 훌륭한 투사, 용감한
병사들로 여기셨기 때문이오. 백성의 수호자,
우리 군주께서는 일찍이 모든 인간 중에서
가장 영광스럽고 위대하고 담대한 업적을
이루셨으므로 이 용감한 과업을 홀로
수행하려 하셨소. 그러나 이제 마침내
우리 군주께서 훌륭한 용사들의 힘을
필요로 하는 날이 왔소. 그러니 저 열기,

저 소름끼치는 끔찍한 화염이 지속되는 동안
가서 전쟁-수장을 도웁시다! 차라리 화염이
내 몸을 황금-수여자와 함께 에워싸는 편이
더 낫겠다 싶은 내 마음을 하나님은 아시오.
우리가 먼저 저 끔찍한 자를 죽이고,
예이츠 군주의 목숨을 구해내지 못하고서
방패를 들고 고향으로 돌아간다는 것은
옳지 않은 듯하오. 확신하건대, 예이츠의
역전의 용사 중에서 그분 홀로 슬픔을 겪고,
전투에서 쓰러져야 한다면, 이것은 이전 공적에
대한 합당한 보답이 아니오.[24] 그분과 같이
우리도 검, 투구, 갑옷, 전투복을 사용해야 하오."
그런 다음 그는 군주를 돕기 위해 투구를 쓰고
살인적인 연기를 뚫고 전진하며 말했도다:
"친애하는 베오울프여, 전하께서 옛날 젊었을 때,
살아계시는 한 전하의 명성이 실추되는 일이
없게 하겠노라 말씀하신 것처럼, 모든 일을
잘 수행하소서. 단호한 군주시여, 위업으로

24 베오울프가 이때까지 나라를 위해 세운 수많은 혁혁한 업적을 생각한다면, 연로한 왕을 이렇게 홀로 용과 싸우다 죽게 내버려 두는 것은 신하된 도리가 아니라는 뜻이다.

널리 알려진 분이시여, 지금 온 힘을 다해
옥체를 지키소서. 소신이 전하를 돕겠나이다."
이 말이 끝나자마자, 성난 용, 끔찍하고
사악한 원수는, 자기 적들인 증오하는 인간들을
공격하기 위해 거센 불길에 휩싸여 번쩍이며,
다시 나타났도다. 넘실대는 화염은 방패를 훑아
한가운데 있는 장식까지 태웠고, 갑옷도
젊은 용사에게 도움을 주지 못했도다.
그러나 제 방패가 화염으로 타버리자
그 젊은이는 친족의 방패 뒤에서
용감하게 진격했도다. 그러자 전쟁 - 왕은
다시금 영광스러운 업적을 생각하며, 힘껏
전투 - 검을 내리쳤으므로, 그 서슬에 칼은
용의 머리에 박혔고, 네일링[25]은 부러져,
베오울프의 회색빛 고검은 전투에서
쓸모없게 되었도다. 그는 전투에서
예리한 칼날의 도움 받을 운(運)은 아니었고,
듣기로는 그의 악력은 너무도 강했기에,
놀랍도록 단단한 어떤 칼도 그가 전쟁에

[25] 네일링(Naegling) : 베오울프의 칼을 일컫는 고유명사.

갖고 나가 한 번 휘두르면 못쓰게 된다고
하는데,[26] 그 칼도 더 나을 것이 없었도다.
　그러자 백성의 약탈자인 무서운 화룡은
세 번째 공격을 퍼붓고자 작심하고,
기회를 틈타 용감한 자에게 돌격하여,
뜨겁고 광포한 용은 날카로운 송곳니로
그의 목 전체를 물었도다. 베오울프는 생혈(生血)로
피투성이가 되었고, 피는 솟구치고 있었도다.

37 용과의 격투 〈계속〉; 용의 죽음(2694~2751)

　그때, 내가 듣기로, 국왕이 위험에 처하자,
곁에 서 있던 용사 위글라프는 타고난
용기와 힘과 담대함을 발휘했다 하도다.
그 용감한 자는 머리에 유의하지 않았기에,
그의 친족을 도울 때 손에 화상을 입었도다.
무장한 그가 사악한 적의 배 아래쪽을

---

26 베오울프는 힘이 상당히 세기 때문에 그 어떤 칼도 그의 손에 잡히면 부서지고 만다는 뜻이다.

찔렀을 때,[27] 금도금을 한 빛나는 검은
용의 몸에 박혔으며, 곧이어 화염은
약해지기 시작했도다. 그러자 왕은 스스로
정신을 가다듬고, 갑옷 위에 차고 있던
특별히 벼린 예리한 전투-검을 뽑았고,
예이츠의 수호자는 용의 한복판을 찔렀도다.
그들은 적을 쓰러뜨렸나니, 용기가 생명을
몰아낸 것이라. 이로써 고귀한 친족 둘이
용을 죽였나니, 위급한 상황에서 가신은
누구나 그래야 하는 법! 그 왕에게는 그것이
이 세상에서 몸소 이룬 최후 승리의 순간이자,
최후의 업적이었도다.
　　　　　　　　　　　　그러자 땅속 용이
이전에 그에게 입혔던 상처가 화끈거리고
부어오르기 시작했나니, 그는 즉시 가슴 속에서
용의 독이 심한 고통을 일으키며 부글거리고
있음을 알게 되었도다. 그래서 사려 깊은

---

[27] 용의 몸체에서 취약한 부위는 아래쪽이다. '용의 머리'를 조심하지 않은 위글라프는 용이 내뿜는 화염을 피하지 못해 화상을 입었다. 그런데 2697행의 '머리'를 '위글라프의 머리'로 보고, 그가 목숨을 걸고 베오울프를 도운 것으로 해석하기도 한다.

그 왕은 힘겹게 걸어가 바위벽 근처의
자리에 앉았도다. 그는 거인들의 작품,
영구적 지하 무덤이, 어떻게 기둥 위의
석조 아치를 지탱하는지 바라보았도다.
그때 지극히 선량한 그 가신은
피투성이가 된 그의 친절한 군주,
전투로 지친 유명한 왕을 손수 물로
닦은 후 그의 투구를 벗겨주었도다.
　베오울프는 그의 상처, 치명적 부상에도
불구하고 말했도다. 그는 지상에 사는 동안
기쁨을 누렸으나, 그의 날들이 끝나고 있음을
잘 알았나니, 그의 인생의 날들은 사라지고
죽음이 매우 가까이 다가왔던 것이라.
"만약 내가 죽은 후 내 핏줄을 이어갈
어떤 상속자가 내게 허락되었다면, 지금
이 군장을 내 혈육인 아들에게 물려주고자
했을 것이오. 나는 50년간 이 나라를
다스렸소. 그동안 인접한 민족 중
어떤 나라의 왕도 감히 전사들을 이끌고
나를 공격해 오지도, 공포로 나를
위협하지도 못했소. 나는 이 땅에서

내 운명을 기다렸고, 내 몫을 잘 지켰으며,
반역적 다툼을 일삼지도, 거짓 맹세를 많이
하지도 않았소. 치명적 상처로 고통스럽지만,
이 모든 것으로 인해 기뻐할 수 있나니,
내 생명이 몸에서 떠날 때, 인류의 통치자께서
친족 살해로 나를 책망할 이유가 없기
때문이오. 자 이제 친애하는 위글라프여,
용은 심한 부상을 입고, 보물을 빼앗긴 채
죽어 잠들어 있으니, 재빨리 잿빛 바위
밑으로 가서 보물 창고를 살펴보시오.
내가 옛 재물인, 황금 보물들을 볼 수 있게
서두르시오. 찬란히 빛나고 귀중한 보석들을
전부 살펴보고, 그 풍부한 보물을 획득한 후,
내 삶과 내가 오래 다스려온 나라를 보다 더
편안한 마음으로 작별할 수 있도록 말이오."

38 베오울프의 유언과 죽음(2752~2820)

듣기로는, 이 말이 끝나자, 웨오흐스탄의
아들은 부상으로 기력이 쇠한 군주의 분부에

즉각 순종하여, 고리로 엮은 갑옷을 입고
동굴 지붕 아래로 내려갔다고 하도다.
승리로 의기충천한, 용감한 젊은 가신은
의자 옆을 지나며 많은 귀중한 보물을 보았나니,
바닥에는 번쩍이는 황금이 깔려 있었고,
벽에는 기이한 것들이 걸려 있었으며,
새벽에 날아다니는 늙은 용의 소굴에는
선인들의 주전자와 잔들이, 닦는 이 없이,
장식이 떨어진 채 놓여 있었고, 또한
오래되고 녹슨 많은 투구, 교묘하게
꼬아 만든 팔찌들이 있었도다. 바닥에 놓인
황금 보물은 누구라도 쉽게 사로잡을 수
있나니, 원하는 자는 그걸 감춰 보시라!
그는 또 온통 황금으로 된 군기가 보고 위에
높이 걸린 것을 보았나니, 이는 손재주가 빚은
가장 놀라운 수공품이며, 거기서 발산되는 빛으로
그는 바닥의 표면을 식별하고 예술품들을
쳐다볼 수 있었도다. 거기에 용은 흔적조차
없었나니, 칼이 그를 죽여 없앴기 때문이라.
내가 듣건대, 그때 어떤 이가 거인들이 만든
보물인 옛 수공품을 보고에서 약탈하고,

마음에 드는 잔과 그릇들을 골라 품속에
넣었으며, 또한 군기 중 가장 빛나는
군기를 훔쳤도다. 칼끝이 철로 제작된,
연로한 군주의 칼은 보고를 오랫동안
지켜온 용에게 이미 상처를 입혔었나니,
그 용은 격렬한 죽음을 맞이하기까지
보물을 지키고자 밤마다 뜨거운 불을
사납게 내뿜으며 불 테러를 자행했었도다.
사자(使者) 위글라프는 보물을 보자 들떠서
서둘러 돌아가고 싶었나니, 그 담대한 자는
기력이 다 빠져버린 예이츠의 군주께서
그가 모셔둔 장소에 아직 살아 계시는지
몹시 염려되어 마음이 아팠기 때문이라.
그러자 보물을 들고 달려온 그는 유명한 왕,
그의 군주께서 피를 흘리며 생의 마지막에
다다른 것을 보았기에, 또다시 왕에게 물을
뿌리기 시작했고, 마침내 왕은 가슴에 쌓인
말들을 토로할 수 있었도다.
연로한 왕은
슬픔에 잠긴 채 황금을 바라보며 말했도다:
"내가 여기서 바라보는 이 보물들로 인해,

그리고 내가 눈을 감기 전 내 백성을 위해
이 보물들을 얻을 수 있도록 허락해 주심에,
삼라만상의 주님이요, 영광의 왕이시며,
영원하신 하나님께 감사의 말씀을 드리노라.
이제 나는 이 보고를 얻기 위해 늙은 목숨을
바쳤나니, 앞으로는 그대가 백성들의 필요를
채워주오. 나는 더 이상 여기 머물 수 없소.
화장 후, 이름난 전사(戰士)들에게 명하여
바다의 갑(岬)에 훌륭한 무덤을 만들게 하오.
그것은 흐로네즈네스 갑[28]에 우뚝 솟아
내 백성들에게 기념물이 될 터이니,
훗날 어두운 바다 건너 먼 곳으로부터
배를 타고 오는 선원들은 그것을
베오울프의 무덤이라 부를 것이오."
담대한 마음을 지닌 군주는 그의 목에서
금목걸이를 풀어서, 금장식의 투구와 팔찌와
갑옷과 함께 그의 가신인 젊은 용사에게
주었으며, 그것들을 잘 쓰라고 당부했도다.

---

28 흐로네즈네스(Hronesnaesse) : 예이츠 국의 해안에 있는 갑의 이름으로, '고래(hron)의 갑(naes)'이라는 뜻을 갖고 있다.

"그대는 우리 웨이문딩 종족의 마지막
생존자요. 운명이 모두 쓸어가 버렸나니,
내 모든 친족, 용감한 병사들을 죽음으로
데려갔고, 나도 그 뒤를 따라야만 하오."
이것이 화장 더미의 뜨겁고 성난 불길에
휩싸이기 전, 노왕의 마음속에서 나온
마지막 말이었으며, 그의 영혼은 의인들의
영광의 반열에 들고자 그의 가슴을 떠났도다.

39 도주자들을 책망하는 위글라프(2821~2891)[29]

그때 그가 가장 존경하고 친애했던 분이
생의 마지막 순간에 고통스럽게 떠나는 것을
지켜보아야 했던 것은 그 젊은이에게 매우
가슴 아픈 일이었도다. 살해자요 끔찍한
땅속의 용 또한 파멸 당해 생명을 잃고
누워 있었도다. 몸을 휘감고 있는 용은

---

[29] 원본에 로마자로 표시된 다른 장들과 달리, 제39장은 표시되어 있지 않고, 이곳의 첫 글자가 대문자로 표기되어 있을 뿐이다.

더 이상 보고를 지배할 수 없었나니,
망치로 두드려 벼린 단단하고 예리한
전투용 칼끝이 용을 찔렀으므로,
멀리 날던 용은 상처로 꼼짝 못 하고
보물 저장고 옆 땅 위에 쓰러진 것이라.
용은 더 이상 한밤중에 공중을 날지도,
귀중한 재산들을 뽐내면서 제 모습을
나타내지도 못했고, 오히려 전쟁-수장의
강한 힘에 의해 땅에 떨어지고 말았도다.
내가 들어 알고 있는 한, 진실로,
제아무리 모든 행동에서 담대하다 할지라도
독을 뿜어내는 적의 입김을 향해 돌진하거나,
동굴에 거주하는 보고 지킴이가 잠에서
깨어나는 것을 보면서 제 손으로 보고를
쑥대밭으로 만들어 놓을 만큼 힘센 자가
이 땅에는 거의 없도다. 베오울프는 죽음으로
그 고귀한 보물의 값을 지불했으며,
그들[30]은 모두 덧없는 삶의 종말에
도달했도다.

---

[30] 베오울프와 용.

그로부터 얼마 지나지 않아,
신뢰를 저버린 열 명의 나약한 자들,
그 겁쟁이들이 다 함께 숲에서 나왔나니,
그들은 전에 군주에게 도움이 절실했을 때
감히 창 들고 싸울 용기가 없었던 자들이라.
이제 그들은 부끄러워하며, 방패와 갑옷을
들고 노왕이 죽어 누워 있는 곳으로 가서,
위글라프를 쳐다보았도다. 그 보병은 지친 채
군주의 어깨 옆에 앉아서 물을 뿌려
군주를 깨우려 했으나 소용이 없었도다.
그는 참으로 간절히 원했지만, 지상에서
주군의 목숨을 살려낼 어떤 방도도 없었고,
주님의 섭리를 한 치도 바꿀 수 없었도다.
하나님의 심판은, 지금도 여전히 그러하듯,
모든 사람의 행위를 주관하시느니라.
그러자 그 젊은이로부터 전에 비겁했던
자들에게 즉각 준엄한 책망이 이어졌나니,
웨오흐스탄의 아들, 위글라프는 슬픔에 잠겨,
괘씸한 그들을 쳐다보며 말했도다:
“참으로 진실을 말하고자 하는 자는 말할 거요.
우리 군주께서 종종 주연을 베푸시고

주연석에 앉은 그의 모든 가신에게
원근 각처에서 구할 수 있는 최상의
투구와 갑옷들을 후히 선사하신 것처럼,
그대들에게 보물들과 지금 착용하고
서 있는 갑옷을 하사하신 군주께서는
격투가 벌어졌을 때, 비통하게도
그의 무장을 완전히 벗어버리셨소.
백성의 왕께는 전우들을 자랑할 이유가
전혀 없으셨소. 오히려 승패를 주관하시는
하나님께서는 그에게 용기가 필요했을 때,
그가 혼자 칼날로 복수하도록 허락하셨소.
전투에서 그의 생명을 지키기 위해 내가
할 수 있는 것은 거의 없었소만, 그럼에도
내 친족을 돕고자 내 능력 이상으로 애썼소.
내가 그 치명적인 적을 칼로 쳤을 때,
그자는 힘이 약해졌고, 머리에서 내뿜는
화염도 기세가 꺾였소. 그러나 군주께서 곤경에
처했을 때 그 주위에 방어자들은 거의 없었소.
이제 그대들 족속에게는 보물의 수수(收受),
검의 하사, 고국 땅에서의 모든 기쁨, 본토가
모두 사라질 것이오. 군주들이 멀리서

그대들의 도주 행위, 그 불명예스러운
행위에 대한 소문을 들게 된다면
일가 친족들은 모두 토지 소유권을
빼앗길 것이오. 모든 용사는 수치스럽게
사느니, 차라리 죽는 것이 더 나을 것이오!"

40 베오울프 사후의 전쟁에 관한 예고(2892~2945)

그 후 그는 가파른 절벽 위 참호에 있는
용사들에게 전투 결과를 알리라고 명령했나니,
거기에는 창을 든 용사들 무리가 아침 내내
슬픈 심정으로 앉아서, 그들의 친애하는 분이
최후를 맞았는지 또는 무사히 귀환할 것인지
궁금해하고 있었도다. 말을 몰아 갑(岬)으로 간
전령사는 가져간 소식에 대해 침묵하지 않고,
모두가 듣는 데서 사실 그대로 말했도다:
"지금, 예이츠 백성들에게 기쁨을 주시던
예이츠의 군주께서는 용의 공격을 받고
살육의 침대, 죽음의 침상에 누워 계시오.

그 곁에는 불구대천의 원수도 칼에 맞아
죽어 누워 있소. 그는 검을 가지고
그 괴물에게 어떤 상처도 입힐 수
없었소. 웨오흐스탄의 아들, 위글라프는
베오울프 곁에 앉아 있나니,
한 용사가 고인이 된 용사 곁에서,
침통한 심정으로 친애하는 이와
증오하는 자의 임종을 지키고 있소.
이제
프랑크족과 프리슬란트 사람들 사이에
왕의 죽음이 널리 알려진다면, 백성들은
전시(戰時)를 맞게 될 거요. 히엘락 왕이
해군을 이끌고 프리슬란트 땅으로 출정한 이래
후가스[31]인들과의 반목이 심화되어 왔소.
거기서 전투에 가담한 헤트와레인들이
우세한 병력으로 용감하게 그를 공격했기에,
무장한 군주는 쓰러져 진중에서 전사했나니,
그는 믿음직한 가신들에게 보물을 전혀
주지 못했소. 그 후로 메레위오잉 왕[32]은

---

[31] 후가스(Hugas) : 프랑크족을 일컫는 말이다.

우리에게 호의를 베풀지 않았다오.
　나는 스웨덴 사람들로부터 평화나 신뢰를
전혀 기대하지 않소. 잘 알려진 바와 같이,
예이츠인들이 자만하여 거친 스웨덴인들에게
선제공격을 퍼부었을 때, 온겐데오우가
흐레브나우두[33] 근처에서 흐레델의 아들,
해드킨의 목숨을 빼앗았다오.
오흐트헤레의 연로한 부친, 늙고 사나운
온겐데오우는 즉시 반격을 감행하여
바다의 왕[34]을 죽이고, 자기 아내이자,
오넬라와 오흐트헤레의 어머니인
황금을 뺏긴 늙은 여인을 구했던 것이오.
그런 다음 그는 자신의 숙적을 추격했고,

---

32 메레위오잉(Merewioing) : 메로빙(Meroving) 왕조, 즉 프랑크족의 왕. 메로빙 왕조는 프랑크 왕국 전반기의 왕조로, 클로비스(Clovis)에 의해 창건되어 약 500년부터 751년까지 골(Gaul) 지방 및 독일을 지배했다.

33 흐레브나우두(Hrefna-wudu) : 스웨덴에 있는 숲의 이름으로, '까마귀(hrefn) - 숲(wudu)'이라는 뜻이다. 이것을 현대 영어로 표기하면 '레이븐스우드'(Ravenswood)에 해당한다. 일명 흐레브네스홀트(Hrefnes-holt)라고도 하는데(2935행), '홀트'(holt)도 숲이라는 뜻이다. 스웨덴과 예이츠 사람들 사이에 벌어진 이곳의 전투를 흔히 '레이븐스우드 전투'(Ravenswood Fight)라고 부른다.

34 해드킨.

군주를 잃은 예이츠인들은 천신만고 끝에
가까스로 흐레브네스홀트로 도주했었소.
그 후 그는, 검의 공격은 피했어도 부상으로
쇠진한 이들을 대군으로 포위했고, 밤새도록
비참한 무리에게 고통을 주겠노라 협박했으며,
아침이 오면 예리한 칼날로 그들을 죽여
그중 몇 명은 교수대에 매달아 새 먹이가
되게 하겠다고 말했소. 그러나 날이 밝자,
비탄에 잠긴 이들에게 위로가 찾아왔나니,
그들은 때마침, 믿을 만한 가신들을 이끌고
그들의 뒤를 따라온 훌륭하신 히엘락의
뿔 나팔과 트럼펫 소리를 들었던 것이오.

41 전령사의 이야기 〈계속〉; 격전지를 방문하는 예이츠인들(2946~3057)

"스웨덴인들과 예이츠인들의 살인적 공격의
흔적인 피 묻은 발자국이 멀리까지 보였나니,
그들의 싸움이 얼마나 치열했는지 알 수 있었소.
그 후 늙고 큰 슬픔에 잠긴 그 유능한 자는

그의 무리와 함께 자기 성채를 향해 떠났소.
용사 온겐데오우는 더 멀리 퇴각했나니, 이는
그가 담대한 히엘락의 용맹함과 무용에 대해
들었기 때문이오. 또한, 그에게 저항할 자신이
없었나니, 선원들과 싸워서 바다의 용사들로부터
보물과 자녀들과 여인들을 지킬 수 있으리라고
믿을 수도 없었다오. 그래서 그 늙은이는
방어벽 뒤로 후퇴했소. 그러자 스웨덴인들에
대한 추격이 시작되었고, 에이츠인들이
그들의 은신처를 공략했을 때 히엘락의
군기들이 도피처 들판을 온통 뒤덮었소.
거기서 백발이 성성한 온겐데오우는
칼날의 위협을 받아 궁지에 몰렸고,
그 백성들의 왕의 운명은 에오보르의
손에 놓이게 되었소. 원레드[35]의 아들,
울프는 화가 나서 무기로 그를 쳤고,
그 타격으로 그의 머리카락 밑에서
피가 솟구쳤소. 그러나 노령의 스웨덴인은

---

35 원레드(Wonred) : 에이츠 사람으로, 울프(Wulf)와 에오보르(Eofor)의 아버지이다. 그의 두 아들이 모두 온겐데오우와 싸웠고, 에오보르는 온겐데오우를 살해했다. 그 이야기가 2965~2981행에서 상세히 언급된다.

두려워하지 않았고, 오히려 왕은 그쪽으로
몸을 돌려 재빨리 더 심한 일격으로
그 살인적 공격에 반격을 가했다오.
원레드의 용감한 아들은 그 노인에게
반격을 가하지 못했나니, 온겐데오우가
먼저 그의 머리 위의 투구를 잘랐으므로
울프는 피투성이가 되어 땅에 쓰러졌던 것이오.
그러나 그는 아직 죽을 때가 아니었기에
상처로 고통스럽긴 했지만, 다시 회복되었소.
자기 형제가 쓰러지자, 히엘락의 대담한 가신은
거인들이 만든 고검인 자신의 넓적한 칼로
방패 - 벽을 뚫고, 거인들이 만든 투구를
부숴버렸소. 그러자 백성들의 수호자인
왕은 쓰러져, 치명상을 입게 되었소.
이제 그들이 우세하여 전장을 좌우할 수
있게 되자, 많은 예이츠인은 그의 친족[36]의
상처에 붕대를 감아 그를 신속히 일으켰소.
그때 한 용사[37]가 다른 용사를 약탈하여,

[36] 에오보르의 형제, 울프.
[37] 에오보르.

온겐데오우에게서 쇠미늘 갑옷, 자루 달린
단단한 칼, 그리고 투구를 취했으며,
노인의 무구(武具)들을 히엘락에게 가져갔소.
그는 전리품을 받았고, 백성들 앞에서 정중히
그에게 보상을 약속했으며, 그대로 시행했소.
그들이 고국으로 돌아왔을 때, 흐레델의 아들,
예이츠인들의 군주는 에오보르와 울프에게
많은 보물로써 그들의 공격에 보답했나니,
그들 각자에게 십만 쉐아트[38]의 토지와
고리로 엮은 금반지를 주었소. 이 땅의 누구도 그 보상에 대해
비난할 수 없나니, 그들은 전투로 명예를 얻었기 때문이오.[39]
그리고 그는 에오보르에게 우애의 표시로
집안의 보배인 자기 외동딸을 주었다오.
  내가 예상하건대, 스웨덴 사람들이
우리 군주의 죽음에 대해 듣게 되는 경우,
우리를 공격해 올 그들에게서 기대할 수
있는 것이라고는 다툼과 적의, 인간에 대한
끔찍한 증오뿐이오. 우리 군주께서는 일찍이

---

[38] 쉐아트(sceat) : 토지와 금반지의 가치를 가늠하는 단위.
[39] 2995~2996행은 장시행(長詩行)이다.

영웅들, 용맹스러운 방패 - 용사들이 죽은 후,
적군들에 맞서 보물과 왕국을 지켜주었고,
백성들에게 은혜를 베풀었으며, 더 나아가
영웅적 업적을 이루었소. 이제 우리가 최우선으로
할 일은 서둘러 백성들의 왕에게 가서 살펴보고
우리에게 보물을 주신 그분을 화장용 장작더미로
모셔가는 것이라오. 이제 보물의 일부만이
그 용감한 이와 함께 화장 불로 녹는 것이 아니라,
축적된 보물 더미, 힘들게 얻은 수많은 황금,
또한 최후로 그의 목숨을 주고 산 금고리들이
화장 더미에 올려지고, 불이 이것들을 삼키고
에워쌀 것이오. 지금 자신들의 군대 대장이
웃음과 기쁨과 즐거움을 모두 포기한 터에,
어떤 용사도 그를 추모하고자 보석으로 치장하지
않을 것이고, 어떤 아름다운 여인도 장식된 목걸이를
목에 걸지 않을 것이며, 오히려 황금을 빼앗긴 채,
슬픈 마음으로, 한 번이 아니라 거듭 외국 땅을
밟게 될 것이오. 그러므로 아침이 되면 용사들은
차갑게 식은 많은 창을 손에 잡고 들어 올리게
될 것이고, 그들의 사기를 돋우는 어떤 하프 소리도
들려오지 않을 것이며, 그 대신 검은 까마귀가

시체 위를 날아다니며 시끄럽게 지저귀고,
그가 늑대와 함께 전사자를 약탈했을 때 얼마나
빨리 그를 먹어치웠는지 독수리에게 전할 것이오.”[40]
이렇게 용감한 자는 비통한 소식을 전했나니,
그는 사실들을 전하거나 말을 함에 있어서 거짓을
거의 아뢰지 않았도다. 그 무리는 모두 일어나
비탄에 잠겨 눈물을 흘리며 기이한 광경을 보고자
에아르나네스[41] 곶 아래로 내려갔도다.
그들은 이전에 그들에게 보물을 주셨던 분께서
영혼이 떠난 후 모래사장에 누워 안식을 취하고
계신 것을 보았나니, 그 훌륭하신 분께
최후의 날이 다가왔고, 에이츠인들의 군주인
전쟁 왕께서 놀라운 죽음을 맞이했던 것이라.
먼저 그들의 눈에 띈 것은 더욱 기이한 존재로,
혐오스러운 용이 그의 맞은편 들판에
누워있었는데, 얼룩덜룩한 색깔로 섬뜩한

---

[40] 전투가 예상되고, 그래서 손쉽게 사체를 찾을 수 있는 곳에 까마귀, 독수리, 늑대 등이 모여드는 것은 게르만족 영웅시에서 흔히 찾아볼 수 있는 모티브이다.

[41] 에아르나네스(Earna-naes) : 문자적으로는 '독수리의 곶'이라는 뜻으로, 베오울프와 용의 격전지 근처에 있는 곶의 이름이다.

그 화룡은 화염에 타버린 것이었도다.
그 용은 머리부터 꼬리까지 몸의 길이가
15미터나 되었고, 한때 즐겁게 밤하늘을
날아다니다가, 다시금 그의 지하 소굴로
찾아들었도다. 그러다 죽음을 맞이했나니,
다시는 지하 동굴을 차지할 수 없었도다.
그 옆에는 술잔들과 주전자들, 접시 더미들,
그리고 귀중한 검들이 놓여 있었는데,
그것들은 천 년 동안이나 땅속 깊이 묻혀
있었으므로 녹슬고 부식되어 있었도다.
더구나 고대의 종족으로부터 전해오는
거대한 유산, 황금은 주문에 걸려 있어서
진정한 승리의 왕이신 하나님,
인간의 보호자이신 하나님 자신이,
그분이 원하시는 자, 누구든 그의 마음에
부합하는 자에게 허락하시지 않는 한,
아무도 보물 창고에 접근할 수 없었도다.

42 용의 보물에 걸린 저주; 베오울프의 화장 준비(3058~3136)

남몰래 동굴 벽 밑에 부당하게 보물들을
숨긴 자의 모험적 행동은 이롭지 못한 것임이
명백하게 드러났도다. 보물 지킴이는 이전에
몇 명 중 한 명을 죽였으며, 그 적대 행위는
잔인하게 보복되었도다.[42] 용감한 용사가
어디서 제 몫의 삶의 종말을 맞이하는지는
알 수 없는 일이며, 죽게 되면 그는 더 이상
친족들과 함께 주연 홀에 거할 수 없느니라.
보물 지킴이를 찾아 격투를 벌였을 때
베오울프도 그와 같았나니, 그는 자신이
어떻게 세상과 작별하게 될지 알지 못했도다.
보물을 거기 숨겨둔 유명한 군주들은 그것에
준엄한 저주를 걸었기에, 그곳을 약탈하는 자는
최후의 심판 날까지 죄인으로 남을 것이며,
이방 신전에 갇히고, 지옥의 족쇄에 묶여,

42 '몇 명 중 한 명'은 베오울프를 말한다. 용은 베오울프에 의해 살해당하기 전, 그에게 치명상을 입혔고, 결국 그 때문에 베오울프가 죽었다.

혹독한 처벌을 받게 될 것이었도다.
베오울프는 소유자의 유산인 풍부한 황금을
전에 더 확실히 살펴본 적이 결코 없었도다.[43]
　웨오흐스탄의 아들, 위글라프는 말했도다:
"우리가 그러했듯, 종종 많은 용사가
단 한 사람 때문에 고난을 겪게 될 거요.
우리는 친애하는 군주, 왕국의 수호자께
황금 지킴이에게 접근하지 마시고,
그가 오래 있었던 곳에 누워 있게 하여
세상 끝까지 제 거처에 살게 내버려두라는
어떤 충고로도 그분을 설득할 수 없었다오.
그분은 고귀한 운명을 지키셨소. 엄청난 대가를
치른 보물이 보였나니, 백성의 왕을 그곳까지
몰아간 운명의 힘은 너무도 강했던 것이오.
나는 신의 허락으로 내부에 들어가
동굴 안의 모든 귀중품을 보았소만,
동굴 벽 밑을 통해 내부로 들어가는 길은
용이한 것이 아니었소. 나는 서둘러

---

[43] 베오울프가 죽기 전에 처음으로 용의 황금을 온전히 살펴보게 되었다는 뜻. 즉, 이 구절은 베오울프에게 황금에 대한 이기적 욕심이 없었음을 나타낸다. 2792행 후반부 이하 참조.

저장된 보물 중 크고 무거운 보물 더미를
손에 들고 밖으로 나와 왕이 계신 이곳으로
가져왔다오. 그분은 그때까지 살아계셨고,
의식도 또렷하셨소. 연로한 그분은 괴로운 중에도
많은 것에 관해 말씀하셨나니, 그대들에게
안부를 전해 달라 하셨고 또 당부하시기를,
화장용 장작더미 터에 그분의 업적에 걸맞은
크고 화려한 높은 무덤을 세워 달라 하셨소.
그분이 성(城)에서 부를 누리는 동안 이 넓은 세상
사람 중 가장 훌륭한 용사였기 때문이오.
자 이제 서둘러서 동굴 벽 밑에 쌓여 있는
경이로운 것들인 귀중한 보석 더미를
한 번 더 보러 갑시다. 그대들이 가까이서
많은 금고리와 판금을 살펴볼 수 있도록
내가 길을 안내하겠소. 거기서 나오면
관가(棺架)를 만들어 신속히 준비토록 하고,
그런 다음 우리가 친애하는 분이신,
우리 군주를 전능하신 주님의 가호 아래
오래 거하실 곳으로 모셔가도록 합시다."
그때 전투에 용맹스러운 용사인
웨오흐스탄의 아들은 많은 용사와

주택 소유자들, 백성의 지도자들에게 명하여
훌륭한 분을 위해 멀리서 화장용 장작더미로 쓸
목재를 가져오게 했도다. “이제 화염은 점점
검게 타올라 용사들의 대장을 삼킬 것이오.
종종 시위에서 힘껏 당겨진 화살의 폭풍우가
방패 벽 위를 날아가고, 깃털 달린 화살대가
날렵하게 날아가 화살촉을 명중시켰던
철(鐵)의 소나기에서도 살아남았던 그분을.”
　그 후 웨오흐스탄의 현명한 아들은
왕의 가신들 무리에서 정예 대원 7명을
선발하였으며, 으뜸가는 그 자신도
그들과 합세하여 여덟 전사 중 하나로,
악마의 지붕 밑으로 나아갔는데, 앞장선
용사는 손에 횃불을 들고 나아갔도다.
그들은 보고의 약탈자를 정하고자 제비뽑을
필요조차 없었나니, 보물은 지키는 이 없이
홀에 고스란히 버려져 부식되고 있음을
보았기 때문이라. 그들은 망설임 없이
서둘러 그 귀중한 보물들을 밖으로
가지고 나갔고, 또한 그 용, 그 뱀을
절벽 너머로 밀어 던져, 파도가 용을 취하도록,

물결이 그 보물 지킴이를 삼켜버리도록 했도다.
그러자 헤아릴 수 없이 많은 꼬아 만든
금붙이들이 수레에 실렸고, 백발의 용사인
군주와 함께 흐로네즈네스 곶으로 옮겨졌도다.

43 베오울프의 화장[44](3137~3182)

그러고 나서 예이츠 백성들은, 전에
그가 명령했던 대로, 그를 위해 지상에
웅장한 화장용 장작더미를 쌓았고, 그 주변에
투구들, 방패들, 빛나는 갑옷을 걸었도다.
그리고 용사들은 애도하며 그들의 유명한 왕,
친애하는 군주를 그 한가운데 안치했도다.
그때 용사들은 언덕 위에 가장 큰 화장 불을
붙이기 시작했나니, 시커먼 나무 연기가 불 위로

---

44 이교도였던 앵글로색슨족은 장례를 위해 화장과 매장을 모두 시행했으나, 기독교로 개종한 후에는 화장이 금지되었다. 베오울프의 장례에 관한 이야기는 두 가지 특징을 갖는다. (1) 화장과 매장(화장 후 재를 무덤에 매장) 방식이 모두 상세히 언급되고 있다. (2) 장례의 마지막 단계, 즉 엄숙한 애도의 노래를 부르는 부분이 매우 강조되는데, 이는 기독교적인 색채를 띠는 것이기도 하다.

치솟았고, 화염이 세차게 타오르는 소리는
울음소리와 뒤섞였으며, 거센 바람도 잦아들어,
붉은 가슴 속까지 달궈진 그의 뼈의 집[45]을
완전히 태워 버렸도다. 그들은 슬픔에 잠겨
비통하게 그들의 군주의 죽음을 애도했도다.
또한 한 나이 든 여인이 머리를 감아올리고
베오울프를 애도하는 구슬픈 가락을 읊으며
거듭 토로하기를, 자기는 앞으로 닥쳐올
무서운 날들, 대량 학살, 군대의 공포,
굴욕을 당하고, 포로가 되는 것이 심히
두렵다는 것이었도다. 하늘은 연기를 삼켰도다.[46]
　그 후 예이츠 사람들은 언덕 위에
그의 무덤을 세웠나니, 그것은 높고 넓었으며,
저 멀리 있는 뱃사람들에게도 보였도다.
그들은 그 용감한 전사를 위한 기념물을
열흘 만에 완공했고, 매우 현명한 사람이
가장 훌륭하게 고안한 바에 따라, 불에 타고

---

[45] '뼈의 집'(bone-house) : 몸을 표현하는 케닝의 예.

[46] 원문의 3150~3155행은 심하게 훼손되었다. 현재 문맥이 통하는 부분들은 거의 대부분 후세 편자들의 추측에 근거하여 다양하게 복원된 것들이다.

남은 유해를 안치하고 담으로 둘러쌌도다.
그들은 금고리들과 보석들, 못된 마음을
품은 자들이 일찍이 용의 보고에서 훔쳐왔던
모든 장신구를 무덤 속에 넣어두어,
땅으로 하여금 용사들의 보물인 황금을
간직하게 했나니, 그것들은 이전처럼 지금도
여전히 사람들에게 쓸모없이 남아있도다.
그때 귀인의 아들들, 전투에 뛰어난 열두
용사가 말을 타고 무덤 주위를 돌았는데,
슬픔으로 모두 비통해하면서, 만가(輓歌)를
부르며 왕을 애도했고, 그에 관해 말했도다.
그들은 그의 고귀한 품성과 용감한 업적을
칭송하고, 위대한 능력을 찬양했나니,
친애하는 군주가 육신을 떠나 저 세상으로
인도함을 받을 때, 그를 입으로 칭송하고
마음으로 사랑함이 마땅하기 때문이라.
이렇게 예이츠 백성들, 그의 가신들은
군주의 죽음으로 비탄에 잠겼으며,
그를 기렸도다. 그는 세상의 모든 왕 가운데
가장 다정했고, 가장 관대했으며, 백성에게
가장 친절했고, 특히 명예를 갈망한 분이었노라.

부록

1. 『베오울프』의 지리적 배경

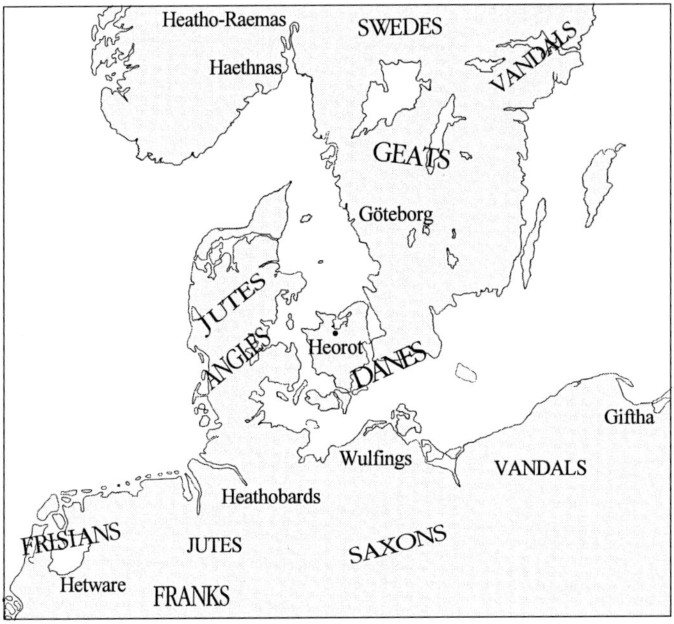

16세기 북유럽 지도

2. 왕족들의 가계도

◈ 덴마크(Denmark) 왕가

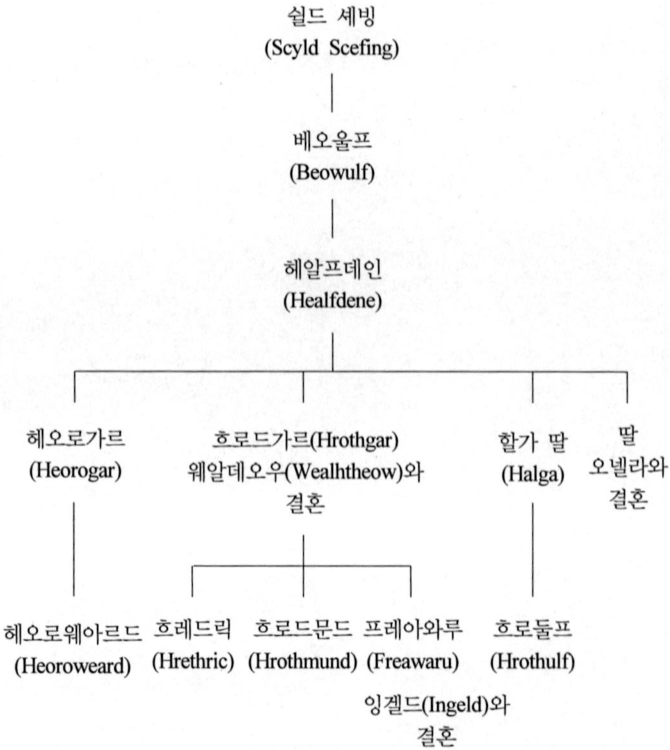

◈ 예이츠(Geats) 왕가

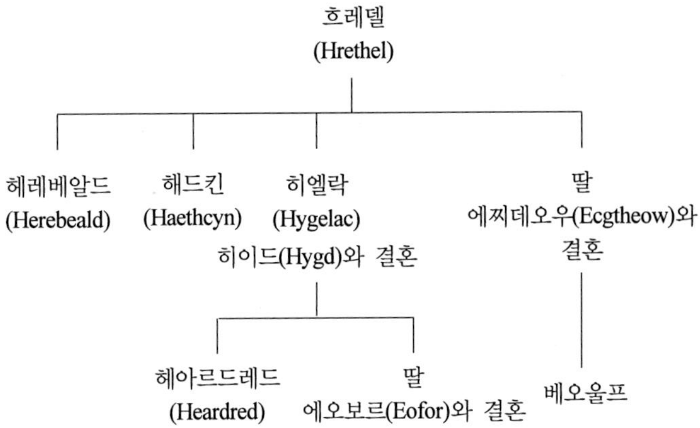

◈ 스웨덴(Sweden) 왕가

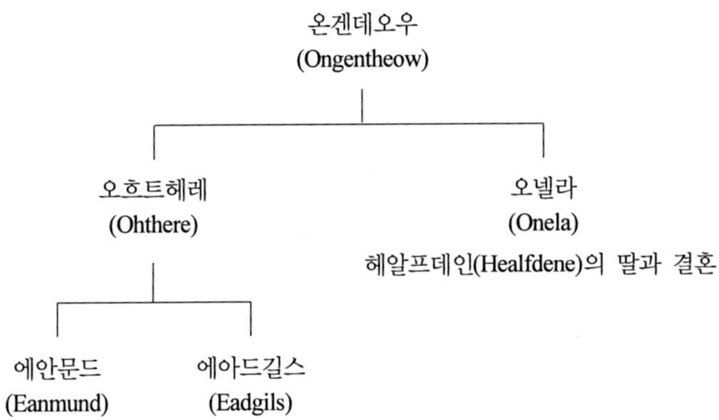

3. 작품에 등장하는 왕국들과 종족들

『베오울프』는 6세기 초기의 스칸디나비아와 유틀란드 반도 지역을 배경으로 한다. 이 이야기에 등장하는 주요 왕국의 백성들과 종족들의 명칭은 아래와 같다.

◈ 주요 왕국의 백성들

덴마크 백성(Danes)

덴마크인들은 작품 속에서 다음과 같은 여러 명칭으로 표기된다. '찬란한(Bright) 덴마크인들,' '창병(Spear) 덴마크인들,' '갑옷(Ring) 덴마크인들,' '동(East) 덴마크인들,' '북(North) 덴마크인들,' '남(South) 덴마크인들', '서(West) 덴마크인들.' 이들은 또한 덴마크의 전설적 조상인 쉴드(Scyld)의 이름을 따서 '쉴딩가스'(Scyldingas, 즉 '쉴드의 자손들')라고도 불리는데, 이 명칭 또한 다음과 같은 여러 형태로 불린다 : '영예(Honor) 쉴딩가스,' '군대(Army) 쉴딩가스,' '승리(Victory) 쉴딩가스', '백성(People) 쉴딩가스.' 그 밖에 '잉그(Ing)의 친구들'도 덴마크인들을 뜻한다.

예이츠 백성(Geats)

스웨덴 남부에 거주한 스칸디나비아 종족을 말하며, 예이츠인들을 일컫는 명칭들에는 '흐레드멘'(Hrethmen), 혹은 '흐레델(Hrethel)의 자손들'을 뜻하는 '흐레들링가스'(Hrethlingas)가 있다. 이들은 또한 다음과 같은 여러 명칭으로도 불린다 : '전쟁(War) 예이츠인들,' '해양(Sea) 예이츠인들,' '날씨(Weather) 예이츠인들.'

스웨덴 백성(Swedes)

스웨덴 사람들은 '쉴핑가스'(Scylfingas, 즉 '쉴핑의 자손들'), 또는 '전쟁 쉴핑가스'로 불린다.

◈ 기타 종족들

기프다스족(Gifthas)

고트족과 관련이 있는 동 게르만족으로 다뉴브 하류의 북구지역에 정착한 민족.

브론딩족(Brondingas)

베오울프와 수영 시합을 벌였던 브레카가 이 종족의 수장이다.

앵글족(Angles)

5세기에 영국 섬을 침략하여 동 앵글리아(East Anglia), 머시아(Mercia), 노섬브리아(Northumbria) 등의 여러 왕국을 건설한 서 게르만족. 오파 왕과 그의 아들 에오메르가 이 종족에 속한다.

웨이문딩족(Waegmundings)

예이츠 국의 한 지파로서, 이 시의 주인공 베오울프와 위글라프가 이 가문에 속한다.

웬델족(Wendel)

반달족(Vandals)으로, 흐로드가르 왕의 궁정 관리인 울프가르가 웬델 출신이다.

윌핑그족(Wilfingas)

발틱 해의 남쪽에 거주한 게르만족의 한 지파.

쥬트족(Jutes)

덴마크의 대륙부를 포함하는 유틀란드 반도에 거주한 서 게르만족으로, 5세기에 영국 섬을 침략하여 켄트 지역에 정착했다. '흰 삽화'에서는 쥬트인들이 '흰의 백성들'과 동의어로 사용되기도 한다.

프랑크족(Franks)

메로빙(Meroving) 왕조가 통치했던, 골(Gaul) 지방과 독일 지역을 아우르는 거대한 왕국으로, 일명 후가스(Hugas)라고도 한다.

프리지아족(Frisians)

프리슬란트 및 그 인근 제도(諸島)에 거주한 종족으로, '휜 삽화'의 주인공인 휜이 프리지아족의 수장이다.

헤아도램족(Heatho-Reams)

남부 노르웨이 지역 거주자들을 일컫는다.

헤아도바르드족(Heatho-Bards)

게르만족의 한 지파로서, 잉겔드가 이 종족에 속한다.

헤트와레족(Hetware)

프랑크 왕국의 한 종족으로 라인 강 하류에 거주했으며, 데이흐레븐이 이 종족에 속한다.

헬밍족(Helmingas)

흐로드가르의 왕후인 웨알데오우가 이 종족에 속한다.

역자 후기

『베오울프』와 나의 운명적 조우(遭遇)는 오래전 미국에서 이루어졌다. 현대 영어와 사뭇 다르게 생긴, 상형문자 같은 고대 영어를 처음 접했을 때, 그 낯선 언어를 공부할 계획은 꿈에도 없었다. 그런데 이게 웬일인가. 고대 영어가 이미 대다수 사람의 관심으로부터 멀어졌던 시절에, 내가 수학하던 대학에서는 고대 영어 및 『베오울프』 원문 독해를 필수로 요구했다. 선택의 여지도 없이 '또 하나의' 외국어와 밤낮으로 씨름해야 했던 그 시간들이 지금까지 생생한 기억으로 남아 있지만, 그 덕택에 이 작품을 우리말로 번역까지 하게 되었으니, 이 무슨 기분 좋은 인연일까!

안타깝게도 우리나라 대학들의 영문학과에서 순수문학 과목들이 실용 영어 과목들에 의해 밀려나기 시작한 것이 어제 오늘의 일이 아니다. 그 원인이 무엇이었든 간에 이는 참으로 염려스러운 현상이 아닐 수 없다. 순수문학 과목 중에서도 특히 시는 가장 먼저 '폐강 당하는' 처지에 놓이고 말았는데, 이 시점에 『베오울프』 같은 아주 오래된 영시를 한글로 번역하는 것에 무슨 의미가 있을까? 거의 모든 학문 분야들과 생활 영역에서 대다수의 사람들이 '최첨단' 문화와 문명의 이기를 선호하고 지향하는 이 시대에 독자들이 이 작품에 관심이나 있을까? 번역을 진행하면서 계속 떠오르던 의문들이다.

그러나 『베오울프』가 아주 오래전에 쓰인 최초의 위대한 영시라는 바로 그 이유 때문에 용기를 내어 번역을 시도했다. '온고지신'(溫故知新)이라 하지 않았던가! 나뭇가지 끝에서 화려한 꽃이 피고 탐스러운 열매가 맺히기 위해서는, 먼저 어두운 땅속 깊이 뻗어 나무를 튼실하게 지탱해 주는 뿌리가 있어야 한다는 사실을 잘 알면서도 뿌리의 소중함을 외면하고 열매만을 탐하는 성급한 이 시대의 사람들에게 뿌리의 중요성을 일깨우고 싶었기 때문이다. 또한, 극소수의 전공자를 제외하면, 고대 영시에 관심을 보이는 영문학도들을 찾아보기도 어려운 이 시대에, 이 위대한 작품이 고서점(古書店)에서 먼지나 뽀얗게 뒤집어쓴 채 잊혀 지지 않기를 바랐기 때문이다. 그리고 무엇보다도, 위대한 문학작품들이 흔히 그러하듯, 시공을 초월하여 삶의 보편성에 호소하는 이 시의 감동과 재미를 현대의 한국 독자들과 나누고 싶었기 때문이다. 지금으로부터 10세기 전에 쓰인, 먼 옛날 북유럽의 군웅들이 할거하던 시대를 배경으로 하는 『베오울프』. 그러나 이 작품의 주요 주제인 선과 악의 갈등과 대결이 지금도 여전히 우리 삶의 주요 이슈이며, 고대사회의 폭력과 잔인성은 현대 우리 사회에서도 현재 진행형으로 존재한다. 그뿐 아니라, 영웅들이 삶 속에서 구현하는 명예, 충절, 용기, 헌신, 자비, 친절, 나눔 등의 가치들은 지금도 여전히 의미 있는 가치들이 아닌가.

다행스럽게도 영문학의 본고장에서는 이 작품의 중요성을 올바로 인식하고 있는 것 같다. 일례로, 1995년의 노벨문학상 수상자인 아일랜드 시인, 셰머스 히니(Seamus Heaney)는, 『베오울프』의 현대 영어 번역본들이 이미 다수 나와 있음에도 2000년에 또다시 이 작품의 현대 영어 번역본(*Beowulf: A Verse Translation*)을 펴냈는데, 이 책은 영국 문학계에서 지대한 대중적 호응을 얻었을뿐더러, 역자는 이 번역본으로 그 해에 권위 있는 문학상인 휘트브레드 상(Whitbread Prize)을 수상하는 영예마저 얻게 되었다.

『베오울프』의 한글 번역본들은 이전에도 있었다. 알려진 바로는 서울대학교의 김석산 교수가 지금으로부터 40여 년 전에 시도한 이 작품의 한글 초역본이 『베오울프 外』라는 제목으로 1976년 12월에 탐구당의 '탐구신서' 시리즈 151호로 출판되었다. 또한, 최근에 출판된 『베오울프』 관련 책으로는 한국외국어대학교의 김유강 교수가 집필하고 2013년 5월에 한국문화사가 펴낸 『베오울프의 언어학적 이해』가 있는데, 여기에도 원문의 현대 영어 번역과 한글 번역이 동시에 수록되어 있다.

이처럼 『베오울프』의 한글 번역본들이 이미 출판되었음에도, 이번에 또다시 이 작품의 번역을 시도한 것은, 독자들에게 다양한 번역 작품들을 접할 수 있는 기회를 제공하기 위해서이기도 했지만, 기존 번역본들의 아쉬운 부분을 보완하기 위해서였다. 이 시는 무엇보다도 서사시, 즉 '시로 쓰인 이야기'이므로 내용상 설화적(산문적) 요소가 큰 비중을 차지하는 것이 사실이다. 그 때문인지 앞서 언급한 한글 번역본들이 산문 형식을 취하고 있는데, 이 부분이 기존 번역본들이 갖는 가장 아쉬운 점이라 하겠다.

이 작품은 가장 대표적인 고대 영시이다. 시를 산문체로 배열할 경우, 원문의 내용 전달에는 별다른 문제가 없겠으나 시의 맛을 제대로 살릴 수가 없다. 나는 원작의 운문적 특성을 가급적 훼손하지 않으면서 시의 내용을 전달하고자 노력했다. 또한, 이 시가 문자로 기록되기 전, 오랫동안 '구전'되었고, 작품 속에서도 음유시인이 청중 앞에서 서사시를 읊는 형식으로 되어 있는 점을 고려하여, 그에 맞는 어투를 취하고자 노력했다. 그러나 ①'각운'(脚韻)을 위주로 하며 리듬의 규칙성을 보이는 현대 영시와는 달리, '두운'(頭韻)을 위주로 하고 운율의 다양성을 나타내며, ②하나의 시행이 '두 개의 반행(半行)들'로 구성되는데, 반행에는 각각 2개의 강세 음절이 있고, 두 반행이 강세 음절의 두운으로 연결되며, 반행과 반행 사이가 넓게

띄어져 있어서 시각적으로 뚜렷이 구분된다든가, ③각각의 시행이 음절과 어순의 엄격한 통제를 받지만, 반행을 넘어선 단위에서는 절(節)이 매우 길어지는 경향을 보이며, ④케닝, 상투적 문구, 병렬 구조의 반복 및 중복적인 표현이 빈번히 사용되지만, ⑤종속 접속사가 거의 사용되지 않는다는 점 등 다양한 특성들을 지닌 고대 영시를 우리말로 번역하는 일은 매우 지난(至難)한 일이었음을 고백하지 않을 수 없다. 현대 영어로 옮기기에도 만만치 않은 고대 영시를 한글로 옮김에 있어서, 원작의 언어와는 너무도 다른 번역어의 원천적인 한계도 문제였지만, 무엇보다도 역자로서 나 자신의 능력의 한계를 절감할 수밖에 없었다. 그럼에도 번역 작업 내내 행복했다. 현대적 관점에서 '충분히 발달되지 못한 열등한 문학작품' 정도로 간단히 폄하해 버리기에는 매우 복잡한 구조를 가진 대단히 뛰어난 문학작품, 『베오울프』의 가치를 재발견할 수 있었기 때문이다.

끝으로, 대중적인 인기와 호응을 담보할 수 없는 이 작품의 번역과 출판의 기회를 선뜻 제공해 주신 한국문화사의 관계자 여러분, 김형원 과장님, 그리고 이 책이 나오기까지 최선의 수고를 아끼지 않으신 강인애 선생님과 편집부의 모든 분들께 마음 깊이 감사드린다.

2015년 10월

백령동산에서 역자

베오울프

1판1쇄 발행 2015년 12월 10일
1판2쇄 발행 2023년 8월 11일

옮긴이 김숭희
펴낸이 김정희
펴낸곳 맵씨터
등 록 제1994-9호
주 소 서울시 성동구 아차산로49, 404호
(성수동1가, 서울숲코오롱디지털타워3차)
전 화 02-464-7708
팩 스 02-499-0846
이메일 hkm7708@daum.net
홈페이지 http://hph.co.kr

책값은 뒤표지에 있습니다.
잘못된 책은 바꾸어 드립니다.

ISBN 979-11-85923-14-7 03840